COMUNICACIÓN Y PODER EN LA RED.
CASOS DE ESTUDIO Y PROPUESTAS PARA EL EMPODERAMIENTO

— *Colección Comunicación y Pensamiento* —

COMUNICACIÓN Y PODER EN LA RED. CASOS DE ESTUDIO Y PROPUESTAS PARA EL EMPODERAMIENTO

Editora

Antonia Isabel Nogales-Bocio

Autores
(por orde de aparición)

Julieti-Sussi Oliveira
Bianca Sánchez-Gutiérrez
Daniel Moya López
Giovanni Bohórquez-Pereira
Olga Beatriz Rueda Barrios
Antonia Isabel Nogales-Bocio
José Luciano Revelo Ruiz
Raimundo Alfonso López Ayala
Alexandra del Carmen Mina Páez

EGREGIUS
ediciones

COMUNICACIÓN Y PODER EN LA RED.
CASOS DE ESTUDIO Y PROPUESTAS PARA EL EMPODERAMIENTO.

Ediciones Egregius
c/ Profesor Tierno Galván, 21, 41910 - Camas, Sevilla
www.egregius.es

Diseño de cubierta e interior: Francisco Anaya Benitez

ISBN 978-84-17270-35-3

ÍNDICE

COMUNICACIÓN Y PODER EN LA RED. CASOS DE ESTUDIO Y PROPUESTAS PARA EL EMPODERAMIENTO

La masa de información oculta supera en muchos temas lo imaginable. En democracia la batalla por la libertad de expresión nunca está definitivamente terminada

Ignacio Ramonet, director de Le Monde Diplomatique

El presente libro nace de la selección de las propuestas investigadoras más destacadas en el simposio homónimo, *Comunicación y poder en la Red. Casos de estudio y propuestas para el empoderamiento*, en el marco del II Congreso Internacional Comunicación y Pensamiento. Internet y redes sociales: nuevas libertades, nuevas esclavitudes. Internet y las redes sociales se han convertido en un entorno clave para la actividad periodística actual. Estos medios de comunicación 2.0 ofrecen al usuario la posibilidad de interactuar con el emisor y aportar comentarios y datos complementarios al trabajo profesional. Resulta muy necesario examinar desde un enfoque crítico el poder real de la Red para el denominado empoderamiento ciudadano, así como las estructuras de poder que se esconden detrás de los principales medios nativos digitales o de las redes sociales más empleadas. También resulta destacable, dentro de esta línea temática, analizar las estrategias discursivas llevadas a cabo por los distintos representantes del poder en la actualidad. ¿Quiénes son los verdaderos dueños del discurso online y qué recursos emplean para transmitir ese poder?

Con la premisa central de afrontar el reto de responder en parte a estas complejas cuestiones nace la presente obra. En ella podremos encontrar investigaciones que giran en torno a tres ámbitos temáticos a su vez bastante amplios. En primer lugar, hallaremos una investigación de la brasileña Julieti-Sussi Oliveira acerca de los nuevos modelos económicos que han aparecido recientemente en torno a Internet y las redes sociales. Este capítulo primero servirá como toma de contacto inicial a la línea temática de estructura económica de los medios digitales y RR.SS. Funciona pues como primer acercamiento sistémico a los verdaderos dueños del discurso informativo online. En esta misma línea se desarrolla el capítulo segundo, el trabajo de los investigadores de la Universidad de Sevilla Bianca Sánchez-Gutiérrez y Daniel Moya López que lleva por título: "Nuevo soporte, nuevos medios, viejos dueños. Aproximación estructural a la prensa digital en España". Este capítulo nos ofrece una panorámica de la propiedad de los principales medios online desde el enfoque estructural y la escuela metodológica crítica de la Economía Política de la Comunicación, la Información y la Cultura.

Un segundo bloque lo componen los capítulos tercero y cuarto. En este caso, encontramos dos propuestas que giran en torno a dinámicas de empoderamiento ciudadano mediante las herramientas 2.0, tanto desde la perspectiva de estudio como desde la metodología de trabajo. El primero de los estudios de caso que componen este segundo bloque corre a cargo de los investigadores Giovanni Bohórquez-Pereira y Olga Beatriz Rueda Barrios de la Universidad Pontificia Bolivariana de Colombia. Su estudio aborda la caracterización de las dinámicas políticas y la participación electoral de los jóvenes del oriente colombiano, realizando una aproximación al uso de redes sociales digitales en el ejercicio de la ciudadanía en el contexto latinoamericano. Por último, en este bloque encontramos la investigación que corre a cargo de la coordinadora del presente volumen y autora de estas líneas. A lo largo de este cuarto capítulo se presenta la perspectiva TRIC (en sustitución de la clásica TIC) para el abordaje de la enseñanza universitaria del Periodismo. Se ofrece una panorámica tanto desde el punto de vista teórico-metodológico como de las aplicaciones didácticas encaminadas a fomentar el empoderamiento digital entre los discentes y el denominado "humanismo digital".

El bloque tercero lo integra el capítulo quinto y último. En él se enmarca una investigación centrada en el estudio de la comunicación del poder desde las redes sociales, el análisis del discurso periodístico y las estrategias comunicativas. José Luciano Revelo Ruiz, Raimundo Alfonso López Ayala y Alexandra del Carmen Mina Páez, procedentes de la Universidad Técnica del Norte, ofrecen el estudio del caso de acción comunicativa estratégica de la empresa Chevron de Ecuador, a través de la aplicación metodológica de la etnografía virtual. De este modo, repasan y analizan las técnicas de las que se sirve el poder económico para lograr sus objetivos empleando los nuevos medios sociales.

A lo largo de las páginas que integran el presente volumen reflexionaremos desde ambos lados del Atlántico sobre las posibilidades reales de empoderamiento ciudadano a partir de las nuevas tecnologías y redes sociales de comunicación. ¿Quién controla la propiedad de estos nuevos medios? ¿Cuál es el peso real de este poder en su desempeño hacia un auténtico pluralismo? ¿Qué dinámicas y acciones estratégicas se están desarrollando en la actualidad para potenciar el uso empoderante de los nuevos medios? Como en cualquier problemática científica, dichas preguntas suelen suscitar otras nuevas que habrá de afrontar en futuras investigaciones.

Antonia Isabel Nogales-Bocio

Universidad de Zaragoza

CAPÍTULO I

INTERNET, REDES SOCIALES Y LA APARICIÓN DE NUEVOS MODELOS ECONÓMICOS

Julieti-Sussi Oliveira
Universidad de Sevilla

Resumen

El avance de la Sociedad del Conocimiento está facilitando instrumentos que producen cada día más cambios en muchos aspectos de nuestra vida en sociedad. En los últimos años, se puede percibir un incremento significativo de términos relacionados con nuevas propuestas de modelos de economía, que intentan superar los fallos del actual sistema socioeconómico. Se analizan cuatro ejemplos, buscando reconocer en ellos el peso de Internet y de las redes sociales.

Palabras clave

nuevas economías, creativa, solidaria, colaborativa, circular, internet.

1. Introducción

El sistema capitalista, a pesar de ser el sistema económico dominante en gran parte del mundo desde el siglo XIX, nunca ha estado libre de crisis que abalaran sus estructuras y pusieran en *check* sus capacidades. Las crisis que sufrió el sistema provocó la aparición de modelos económicos que intentaron proponer una alternativa al sistema capitalista. A pesar de que en la actualidad vivimos una época de importantes cambios estructurales, caracterizada por la evolución proporcionada por las nuevas tecnologías y las actividades propias de la Sociedad del Conocimiento, siguen teniendo lugar crisis que dejan cada vez mayores brechas de desigualdad en la sociedad.

En las últimas décadas, con la revolución tecnológica se atribuye un valor estratégico a la innovación y al conocimiento. Las nuevas tecnologías unidas a la expansión que está desarrollando el universo de Internet juegan, cada vez más, un papel importante en las actividades diarias. Se hacen uso de ellas para ejercer tareas profesionales, labores de carácter social o doméstico o para hacer la compra en el supermercado. De ahí que estos procesos de innovación no solo estén afectando a la vida cotidiana de las personas, sino que, también, parecen estar generando de forma paralela una nueva economía. Es por ello por lo que, desde hace algunos años, se hace notar la aparición de nuevos conceptos que pretenden ser la alternativa a los modos de producción y distribución actual. En este trabajo se pretende conocer cuatro de ellos que son: economía creativa, economía circular, economía colaborativa y economía solidaria, con la finalidad de averiguar si herramientas como Internet y las redes sociales han influido en la formación y desarrollo de nuevos modelos económicos. Para lograr el objetivo propuesto se parte de un análisis descriptivo de cada modelo, señalando sus orígenes, modo de organización, características y su panorama en la sociedad actual para enseguida a través de un análisis comparativo descubrir relaciones y los puntos en común entre ellos y así averiguar el papel de Internet y las redes sociales en la aparición y desarrollo de esos modelos.

2. Economía solidaria

2.1. Orígenes y búsqueda de un concepto

El término Economía Solidaria (ES) no es nuevo; tiene una larga trayectoria aunque es difícil precisar su nacimiento. Quizás se debe a que confluyen muchas opiniones divergentes sobre sus orígenes y sobre su definición. El teórico brasileño Paul Singer es una referencia cuando se habla de ES, pues además de publicar varios estudios, es economista, profesor y fue secretario nacional de la ES en el gobierno de Lula da Silva: *"a economia solidária é outro modo de produção, cujos princípios básicos são a propriedade coletiva ou associada do capital e o direito à liberdade individual"* (SINGER, 2002[a]:10). Otro aspecto importante a destacar en la teoría de Singer es la referencia que hace al cooperativismo, pues para él fue el movimiento que conformó las bases materiales, organizacionales y valorativas de la ES, *"cooperativas de produção são associações de trabalhadores, inclusive administradores, planejadores, técnicos etc., que visam produzir bens ou serviços a serem vendidos em mercados. Como toda cooperativa, aplicam aos seus membros os princípios que garantem democracia e igualdade entre eles na condução da entidade"* (Singer, 2002b: 89-90).

El autor justifica los orígenes de la ES en el cooperativismo estableciendo las semejanzas en el modo de organización de las empresas solidarias y las cooperativas:

> A empresa solidária nega a separação entre trabalho e a posse dos meios de produção, que é reconhecidamente a base do capitalismo. [...] O capital da empresa solidária é possuído pelos que nela trabalham e apenas por eles. Trabalho e capital estão fundidos porque todos os que trabalham são proprietários da empresa e não há proprietários que não trabalhem na empresa. E a propriedade da empresa é dividida por igual entre todos os trabalhadores, para que todos tenham o mesmo poder de decisão sobre ela. (Singer, 2002b:83).

También es importante la consideración de Arruda (2003), que prefiere la expresión "socio-economía solidaria" justificando que así cubre más aspectos dentro de la ES al reconocerla como una economía al servicio humano, con una mayor valoración de aspectos afectivos como amistad y solidaridad. En la misma línea, França Filho; Laville (2004) y Cruz (2005) resaltan el carácter colectivo como fundamento importante de la ES, la formación de grupos con vínculos sociales y basadas en el principio de la igualdad entre los participantes, las relaciones de trabajo no asalariado, la propiedad compartida, el control colectivo del emprendimiento, además de la valoración del espacio local.

La idea de los vínculos sociales también podemos encontrar en Gaiger (2003) cuando comenta que una de las características principales es la existencia de alguna relación social entre sus componentes tales como: haber dividido algún otro ambiente de trabajo, ser campesinos de alguna localidad, vecinos o familiares o pertenecer a grupos étnicos afines.

Se destaca también el trabajo de Tauile (2009), que discute las posibilidades de la ES en un ambiente capitalista, considerando el modelo de organización de la producción desarrollado en Japón y la importancia de la autogestión como características principales en ese modo de producción.

> *De qualquer modo, experiências mais cooperativas de relacionamento – as quais implicam, frequentemente, formas particulares de autogestão – apoiaram-se na lealdade e na credibilidade mútuas entre os agentes econômicos, sejam eles capital e trabalho ou capital e capital na mesma cadeia produtiva. Sem dúvida, estes foram os fatores decisivos para o sucesso da economia japonesa ao longo da segunda metade do século XX* (Tauile, 2009:292).

El autor considera que, apoyada en una organización sindical vinculada a la empresa, la economía japonesa consiguió *"beneficiar-se do engajamento dos trabalhadores em busca do sucesso dos respectivos empreendimentos"* (Tauile, 2009, p.292).

Los primeros registros de la ES provienen de las últimas décadas de siglo XX, un periodo en que se observa un movimiento en torno a la creación de cooperativas, asociaciones, empresas autogestionarias, finanzas solidarias, bancos comunitarios, etc. El principal causante de este fenómeno se encuentra en las crisis económicas que asolaban el mundo en las dos últimas décadas del siglo XX, principalmente a partir de 1970, cuando los años dorados del capitalismo llegaban a su final y el Estado del bienestar empezaba a flaquear. El aumento del paro y la exclusión social creciente colaboraron para el nacimiento de formas alternativas de organización económica.

> *O fato é que durante toda a história do capitalismo, homens e mulheres buscaram alternativas para superar sua situação de miserabilidade e desemprego, elaborando práticas e organizações variadas que visam da simples obtenção de sustento imediato à transformação revolucionária do sistema sócio-econômico. As atividades que vão ser posteriormente intituladas de Economia Solidária são uma dessas muitas elaborações.* (Cornelian, 2006:37).

Es conveniente destacar que el concepto de ES surge después del fenómeno, es decir, las prácticas de cooperación y asociación existían desde hace tiempo, pero el concepto y las formulaciones sobre la ES fueron elaboradas bastante después. Cornelian (2006:39) explica "el movimiento socioeconómico de la economía solidaria se apropió de prácticas ya existentes y las direccionó para que se identificase con la formulación conceptual ideológica y política de la ES".

2.1.1. Antecedentes de la ES

Si se vuelve la vista atrás en la historia económica, se encuentran hechos sociales que favorecieron la construcción de una teoría en torno a una ES. Parece ser unánime entre los autores que los motores de la ES son el trabajo en grupo y la solidaridad, algo que puede ser común en cualquier manifestación social. Pero, de acuerdo con la ideas de Singer (1998) y Tauile (2009), fueron los movimientos que tienen como base la solidaridad y el trabajo en grupo, como el cooperativismo y el sindicalismo, los que sirvieron de inspiración para formar las bases de la ES. Singer (1998) afirma que el responsable por idealizar un proyecto de sociedad alternativo al capitalismo fue el socialista inglés Robert Owen, con las cooperativas de producción. Por ello, considera que el punto de partida de lo que denominamos hoy como ES, fue el renacimiento del cooperativismo como respuesta a la exclusión social producida por el neoliberalismo.

El origen de la historia del cooperativismo nos reporta a la época de la Revolución Industrial en los siglos XVIII y XIX. En palabras de Hobsbawn (2003: 13) "la Revolución Industrial marca la más radical transformación de la vida humana ya registrada en documentos escritos". Era el momento de importantes cambios en el modo de producción, la introducción de máquinas a vapor que facilitaban el trabajo, pero en su contra provocaban sustitución de mano de obra humana, ocasionando un gran empobrecimiento de la población a causa de la disminución del empleo y el empeoramiento en las relaciones de trabajo. Fue también en ese periodo cuando el capitalismo se consolidó como el modo de producción dominante.

De acuerdo con Santos (2005) y Arruda (2003a), delante de los problemas de exclusión social que generaba el capitalismo, nació el movimiento conocido como cooperativismo motivado por prácticas de solidaridad y de ayuda mutua. Se inicia así la construcción de un proceso societario a partir de las propias contradicciones del capitalismo. Desde entonces el movimiento cooperativista se desarrolló y se diversificó a lo largo de la historia. En la década de 1830 se incorporó a la lucha de los trabajadores, fueron creadas las mutuas, bancos de alimentos y cooperativas de producción. Durante la gran crisis de 1873-1895, las cooperativas agrícolas y de ahorro fueron la solución para los pequeños productores.

Singer concluye que el movimiento conocido como ES, surgido en las últimas décadas del siglo XX a partir de la crisis del Estado del bienestar, igual que el cooperativismo en el siglo XIX surge a raíz de las crisis del sistema capitalista.

2.1.1.1. La ES en el siglo XXI

En la sociedad actual las manifestaciones de la ES se pueden percibir en las administraciones públicas, con acciones de incentivo al emprendimiento cooperativo (como una alternativa a la creación de empleo) como en el caso del Ayuntamiento de Sevilla, con el programa de Tramitación telemática de registros de cooperativas y sociedades laborales, que, según David Pino (2017) "es un impulso y apoyo a los nuevos proyectos generadores de empleo estable y resiliente, simplificando la burocracia administrativa".

El mercado actual de la ES está compuesto principalmente por cooperativas, mutuas, asociaciones fundaciones, sociedades laborales, empresas de inserción, Centros Especiales de empleo, Sociedades Agrarias de Transformación y determinadas por instituciones sin ánimo de lucro al servicio de las empresas de la ES. Dentro de ese modelo podemos encontrar empresas de distintos sectores de producción y consumo, desde la agricultura hasta las empresas basadas en tecnologías digitales.

3. Economía colaborativa

3.1. Orígenes

Si se hace un breve repaso histórico, la cultura de compartir o hacer troca de favores está en las bases del nacimiento de nuestra sociedad, así como, las monedas de cambio y el trueque. Entre tanto, esa cultura existía en torno a relaciones informales. ¿Pero qué es lo que cambió para que se llegara a considerar la Economía Colaborativa como un nuevo modelo económico?

A partir de una sociedad globalizada y con el desarrollo tecnológico, junto con la fuerte crisis económica en el año 2008, se empieza a notar la aparición de modelos de negocios que usan las plataformas digitales para desarrollarse. Esos negocios se organizan a partir de la relación entre usuarios que "colaboran" entre sí para satisfacer necesidades económicas o conseguir mejores oportunidades que no les proporciona la economía regular. El nuevo modelo económico giraba en torno a la colaboración y el intercambio de bienes o servicios y eran conocidos como:

Consumo Colaborativo: a través de las facilidades propiciadas por las plataformas de Internet surgió un modelo alternativo de consumo sin tener que poseer la propiedad del bien. El objetivo era compartir bienes escasos de forma altruista y gratuita

Conocimiento Abierto o producción colaborativa: También fomentado por las herramientas tecnológicas busca compartir y difundir conocimiento. Como es el caso de Wikipedia, una enciclopedia en la red, colaborativa y libre, tanto en la publicación como en su utilización y consulta. Gestión y elaboración compartida de proyectos, servicios u objetos de todo tipo, implementándose la colaboración productiva en campos como el diseño, la arquitectura y la ingeniería industrial.

Pero el tema fue ganando relevancia en los últimos años y despertó el interés de organizaciones e instituciones como la Comisión Europea que en 2016 elaboró un informe para conocer el estado de la cuestión en los países del continente. En el informe, queda retratado que la economía colaborativa mantiene un rápido crecimiento desde 2013 y que se ha acelerado en 2015. Tal como indica el comunicado del informe, "existe un gran potencial para que nuevas empresas conquisten estos mercados en rápida expansión" (2016:2).

En la misma línea, la investigación realizada por la Agencia Andalucía Emprende (2016:13) reconoce el fenómeno como:

> El termino Economía Colaborativa se ha introducido en los últimos años para hablar de un nuevo tipo de economía que cada vez está adquiriendo un mayor impacto en nuestra sociedad, tanto en términos económicos, con el crecimiento de la facturación de empresas abanderadas de estas prácticas como *Airbnb* o *Uber*, como sociales, con el desarrollo de iniciativas no mercantilizadas como los bancos de tiempo o las monedas sociales, así como también en términos culturales, introduciendo nuevas pautas de consumo entre la población". Su origen se remonta en el tiempo y su proliferación no ha de verse únicamente como efecto de la mayor precariedad y restricciones monetarias derivadas de la crisis financiera sino como resultado de un proceso de crisis multidimensional más amplia (que abarca lo político, los valores, la reproducción social, lo medioambiental) y de un cambio cultural y de valores.

3.1.1. La búsqueda de un concepto

La introducción de Economía Colorativa como un sistema económico alternativo, aborda una variedad de nuevos sistemas de consumo y de acceso a bienes y servicios, además de conceptos relacionados con la colaboración, innovación, inclusión económica y social que hacen difícil llegar a una conclusión única sobre su definición. De acuerdo con el AE (2016:18), eso ocurre porque "es posible encontrar un amplio abanico de prácticas muy diferentes entre sí y, en ocasiones, incluso francamente opuestas tanto en términos de escala como de valores".

Las primeras referencias del concepto de Economía Colaborativa fueron las de los autores Rachel Botsman y Rooger (2010) que definieron los tipos de sistemas que forman esta economía, considerando que, en primer lugar, están los mercados de redistribución, donde un producto pasa de un lugar que ya no es necesario a otro que sí lo es, se reconoce como las 5 Rs: reducir, reusar, reciclar, reparar y redistribuir, estirando el ciclo de vida del producto y evitando así el derroche. Y en segundo lugar está el estilo de vida colaborativo, donde los usuarios comparten su tiempo, sus habilidades y se benefician de ello de alguna manera. Ocurre cuando se paga por el derecho de usar el producto, pero sin la necesidad de poseerlo. A pesar del aspecto cambiante que tiene este concepto, algunos colectivos estudiosos afines de esta economía intentan elaborar conceptos que la definan y unifiquen:

> Prácticas y modelos de negocio basados en las redes horizontales y en la participación de una comunidad. Se construye sobre el poder distribuido y la confianza en oposición a las instituciones centralizadas, y sobre la difuminación de los límites entre el/la productor/a y el/la consumidor/a. Estas comunidades se encuentran e interactúan en redes online y plataformas peer-to-peer, pero también en espacios [físicos] compartidos como Fablabs y espacios de coworking (Ouishare, 2013:17).

En la misma línea, la Comisión Europea (2016:5) la define como: "modelos de negocio en los que plataformas *on-line* facilitan la creación de espacios de mercado abiertos para el uso temporal de mercancías o servicios ofrecidos a menudo por particulares". En el caso de España, la Comisión Nacional de los Mercados y la Competencia (CNMC, 2016:11) reconoce que "la economía colaborativa es un conjunto heterogéneo y rápidamente cambiante de modos de producción y consumo por el que los agentes comparten de forma innovadora activos, bienes o servicios infrautilizados, a cambio o no de un valor monetario, valiéndose para ello de plataformas sociales digitales y, en particular, de Internet". De acuerdo con la plataforma ShareSpain (2014):

> La eficiencia y la escalabilidad de estas plataformas con menores costes de transacción centradas en la comunidad y en la confianza, están creando nuevos mercados que responden mejor a las expectativas y necesidades de ciudadanos y consumidores reduciendo el nivel de desigualdades características del hiper-consumismo.

La estructura de la Economía Colaborativa se forma en torno a proveedores de servicios que pueden ser particulares, profesionales, consumidores y la plataforma que conecta a unos con otros y facilita las transacciones. Una definición tan extensa que permite incluir bajo un mismo paraguas iniciativas y procesos muy distintos y con diversas aplicaciones prácticas, genera, inevitablemente, un intenso debate conceptual y político (Del Moral et al., 2014).

Una de las características de la Economía Colaborativa es la variedad de conceptos que no son sinónimos pero que sí tienen muchas semejanzas entre sí, tales como: *Peer2Peer Economy, Sharing Economy*, Consumo colaborativo. Formando un entramado terminológico, que además de esos conceptos también desarrollan una terminología: *Business angels: Coworking: Crowdfunding: Crowdsourcing: Fab Lab, Prosumidores*. Según AE (2016) "todos ellos señalan cómo este tipo de iniciativas pueden facilitar un mejor uso de los recursos (y capacidades) infrautilizados". De acuerdo con Rachel Botsman (2010:35):

> Está en juego una dinámica poderosa que tiene enorme impacto comercial y cultural. Es decir, la tecnología posibilita la confianza entre desconocidos. Las nuevas tecnologías y las redes sociales nos están llevando al pasado. Hacer trueque, comerciar, intercambiar, compartir, pero reinventados, y en formas dinámicas y atractivas.

3.1.1.1. El papel (panorama) de la EC en la sociedad actual

El avance imparable de la Economía Colaborativa despertó un discurso en torno a su validez y fiabilidad. Por un lado, algunas perspectivas, como la del consumo colaborativo, conocimiento abierto, sostienen que esta predica una ética de la colaboración alejada de las lógicas capitalistas y conectada con la producción colectiva con el objetivo del bien común, no orientada hacia el consumo como el modelo capitalista tradicional, pero que tienen en cuenta el aspecto no material de los bienes, promoviendo el bienestar conjunto de la población y que permita que avancemos hacia un modelo de sociedad más sostenible. Por otro lado, hay autores como Grave (2014) que afirman que la Economía Colaborativa es un truco del capitalismo para sobrevivir. Esa afirmación se sostiene basándose en los casos que dieran más visibilidad al tema, como Airbnb, Uber, BlablaCar, que son iniciativas guiadas por lógicas privadas donde el pensamiento del bien común, bienestar social, creación de empleo sostenible y diversidad económica local propagadas como bases fundadora de la Economía Colaborativa entran en convergencia.

La cuestión se torna polémica porque estas empresas originalmente surgen como plataformas de consumo colaborativo, pero terminan obteniendo lucros como una empresa cualquiera, con la ventaja en cuestiones de regularización y de pagos de impuestos y que no necesitan tener un plantilla fija, ni asumir los gastos que eso supone.

A raíz de que ese fenómeno parece tener una tendencia a aumentar, desde la administración pública se busca elaborar estudios para entender el funcionamiento y poder regular esa actividad. En España podemos encontrar los siguientes: Comisión Nacional de los Mercados y la Competencia (CNMC), que elaboró una consulta pública sobre los nuevos modelos de prestación de servicios y la EC. En Andalucía, la Consejería de Administración Local y Relaciones Institucionales de la Junta de Andalucía, que encomendó en 2014 un informe sobre la situación de la EC en la comunidad autónoma. El estudio titulado *Realidad y posibilidades del Consumo Colaborativo. Informe sobre la realidad y perspectivas en Andalucía"*, abordaba aspectos sobra la evolución y la regulación jurídica vigente para la EC. Y la Agencia Andalucía Emprende en 2016 publicó *"La Economía Colaborativa como nuevo sector de oportunidad para el desarrollo económico y el emprendimiento en Andalucía"*. El informe presenta una visión de las empresas andaluzas que se definen como pertenecientes a la EC, además de hacer un mapeo identificando y clasificando dichas empresas y un estudio jurídico-normativo sobre el impacto del sector en Andalucía.

> Existen sociedades limitadas, anónimas, unipersonales, cooperativas, laborales, asociaciones, e incluso trabajadores autónomos detrás de estas iniciativas. Y normalmente la actividad económica o el objeto social no están directamente relacionados con elementos de la economía colaborativa, sino con aplicaciones informáticas de actividad en Internet, plataformas digitales, *App* para móviles y *tablets*, etc. Es decir, técnicamente son empresas de sectores tecnológicos y legalmente son sociedades diferentes (AE, 2016:59).

4. Economía circular

4.1. Origen

La idea de la Economía Circular nace debido a la preocupación por la insostenibilidad de un sistema cada vez más consumista. La responsable de implantar el concepto es la Fundación Ellen Mac Arthur, una institución benéfica creada en el 2010, con el claro objetivo de consolidar la Economía Circular. Desde entonces trabaja para situarla en el orden del día entre gobiernos, empresas y mundo académico. Su mayor logro fue que el tema fuera aceptado por la Comisión Europea y las juntas directivas de corporaciones multilaterales, como representación de un cambio tanto político como en la mentalidad empresarial, y que sea implantado en toda Europa.

De acuerdo con la Fundación Ellen Mac Arthur (2016):

> Una economía circular es aquella que es restaurativa y regenerativa a propósito, y que trata de que los productos, componentes y materias mantengan su utilidad y valor máximos en todo momento, distinguiendo entre ciclos técnicos y biológicos. Este nuevo modelo económico trata en definitiva de desvincular el desarrollo económico global del consumo de recursos finitos. Una economía circular aborda los crecientes desafíos relacionados con los recursos a los que se enfrentan las empresas y las economías, y podría generar crecimiento, crear empleo y reducir los efectos medioambientales, incluidos las emisiones de carbono.

El modelo económico que defiende la Fundación es una fusión del ciclo de vida natural de los recursos con la tecnología. "Con la innovación tecnológica seremos capaces de recuperar y reincorporar esos recursos biológicos nuevamente al ciclo de la producción y consumo. También considera que estamos en el momento idóneo tanto tecnológico como socialmente para realizar ese cambio. Ya que cada vez más las personas están concienciadas de que el modelo lineal actual es insostenible" (E.M.A, 2016:13).

En la misma línea, la Fundación Cotec (2017) acredita que la Economía Circular supone un cambio radical en los sistemas de producción y consumo actuales. El cambio se debe dar hacia sistemas que sean regenerativos a partir de su diseño, para mantener el valor de los recursos (materiales, agua, suelo y energía), de los productos y limitando, exponencialmente, las materias primas y energía. Eso evitará la creación de residuos e impactos negativos derivados, mitigando las externalidades negativas para el medio ambiente, el clima y la salud humana.

4.1.1. Antecedentes

Los antecedentes de la Economía Circular se pueden encontrar a partir de los años 70 en algunas escuelas de pensamiento económico:

- La "Permacultura" a finales de los años 1970 hacía referencia a un sistema social basado en la observación y reproducción de ecosistemas naturales y principios ecológicos.

- La "Ecología Industrial" en los años 80 estudiaba la posibilidad de reducir energía y el insumo de materiales, disminuyendo los puntos negativos de la producción industrial.

- "De la Cuna a la Cuna" trataba de modificar el modelo del consumismo de diseñar, crear y tirar, dando un enfoque en el reaprovechamiento de los residuos y también del sol como principal fuente de energía renovable.

- El "Biomimetismo" a finales de los 1990 se inspiraba en los principios y en los procesos de la naturaleza como pauta para elaborar procesos de estándar económico y social.

4.1.1.1. Impulso a la Economía Circular

En la actualidad, la idea de una Economía Circular como una alternativa al modelo actual de producción y consumo, fue aceptada por organismos de gobierno e instituciones privadas:

La economía circular impulsará la competitividad de la UE al proteger a las empresas contra la escasez de recursos y la volatilidad de los precios, y contribuir a crear nuevas oportunidades empresariales, así como maneras innovadoras y más eficientes de producir y consumir. Creará puestos de trabajo a escala local adecuados a todos los niveles de capacidades, así como oportunidades para la integración y la cohesión social. Al mismo tiempo, ahorrará energía y contribuirá a evitar los daños irreversibles causados en lo relativo al clima y la biodiversidad, y a la contaminación del aire, el suelo y el agua, a causa de la utilización de los recursos a un ritmo que supera la capacidad de la Tierra para renovarlos (UE, 2015:2).

La UE (2015:8), afirma también que "ciertas formas innovadoras de consumo pueden apoyar el desarrollo de la Economía Circular: compartir productos o infraestructuras (economía colaborativa), consumir servicios en lugar de productos, o utilizar las plataformas informáticas o digitales". Desde la administración pública se nota un movimiento hacía una economía circular. En Europa las principales acciones legislativas son:

- **Plan de Acción para la Economía Circular de la Comisión Europea (2015)**: pensado en la integración de la Economía Circular en la UE, por medio de la colaboración de todos los estados miembros a escala nacional, regional y local: "la transición hacia una economía circular es una ventaja para la UE, en el sentido de que incrementa su propia competitividad y sostenibilidad, construyendo un sistema económico más adaptable a la escasez de recursos materiales y energéticos, y a la volatilidad financiera, propulsando la innovación y eficiencia empresarial, y cambiando de manera radical los patrones de producción y consumo" (UE, 2015).

- **Objetivos de Desarrollo Sostenible, de las Naciones Unidas (2015)**: marca una Agenda para 2030, donde la Economía Circular es el elemento central para alcanzar los objetivos propuestos en favor de un desarrollo sostenible, pensando en las personas, en el planeta y el futuro.

- **Acuerdo de Paris, Naciones Unidas (2015)**: representa el cambio climático y se propone mantener el aumento de la temperatura mundial por debajo de 1.5 -2°C respecto a los niveles preindustriales. En el acuerdo queda retratada la necesidad de "repensar los sistemas de producción y consumo, para poder alcanzar un nuevo sistema económico".

5. Economía creativa

5.1. Origen

El debate en torno a una economía de la cultura y de la comercialización de la cultura cuenta con una larga tradición teórica y académica que ha suscitado diversas opiniones contradictorias. No obstante, a principios del siglo XXI ese debate se retoma con la llegada de una teoría sobre la Economía Creativa, con el objetivo de resaltar el papel de la cultura en la economía mundial, considerando que la cultura puede generar valor económico, crear empleos y promover nuevos modelos de desarrollo territorial.

Los primeros registros de esta teoría tienen lugar en 1994, con el entonces Primer Ministro Australiano, Paul Keating y su discurso *Nation Creative*. Pero fue el gobierno inglés quien la hizo conocida con el objetivo de que Inglaterra recuperase parte de su supremacía económica y se transformara en el polo creativo del mundo intensificando sus políticas posindustriales.

La acción del gobierno inglés inspiró a otros países para adoptar la EC en sus planes y también en el de organizaciones multilaterales como la Conferencia de las Naciones Unidas sobre Comercio y Desarrollo (UNCTAD), la Organización Mundial de la Propiedad Intelectual (OMPI), o la Comisión Europea, que demostraron interés por las nuevas posibilidades que representaban la EC. La expresión Economía Creativa apareció por primera vez en 2001, con el autor Jhon Howkins. Según el autor, la creatividad y la economía no son temas nuevos, pero la novedad está en el alcance de la relación entre los dos para crear valor y riquezas. También Richard Florida (2002), afirma que la relación entre creatividad, conocimiento innovador y las nuevas tecnologías son fundamentales para generar valor y riquezas.

5.1.1. El panorama de la EC en la sociedad actual

La teoría de la Economía Creativa ha sido adoptada por diversos países como elemento clave para elaborar propuestas políticas pensadas en el desarrollo local. Aprovechándose del acercamiento de la creatividad con la cultura, esas políticas suelen ser pensadas teniendo en cuenta la dimensión cultural de cada territorio, combinadas con las infraestructuras de transporte, comunicación, tecnológicas e industriales presentes en cada ciudad.

Aunque no existe una definición única de los sectores que forman parte de las industrias creativas. Lo que sí existen son algunos trabajos de referencia en el tema, como por ejemplo el de la UNCTAD, que realizó un importante trabajo en sus *Creatives Industries Reports*, 2008, 2010, 2013, unificando criterios en la definición y delimitando la creación de bases estadísticas. Así, siguiendo la definición de la UNCTAD (2008: 58), la industria creativa está compuesta por:

> Los activos creativos que estimulan generación de renta, la creación de empleo, la exportación de lucros y al mismo tiempo promueven la inclusión social la diversidad cultural y el desarrollo humano. Conecta aspectos económicos, culturales, que interaccionan con la tecnología, propiedad intelectual y el turismo.

En lo referente a la definición de las actividades que pertenecen al sector creativo, dicha institución clasifica las industrias creativas en cuatro categorías: patrimonio cultural, artes, medios de comunicación, creaciones funcionales.

El modelo de los Círculos Concéntricos propuestos por Throsby (2001) señala que las ideas creativas se originan en el núcleo de las artes creativas (música, literatura y artes visuales). Estas ideas e influencias se amplían en la medida que se distancian del núcleo a través de círculos concéntricos; lo mismo ocurre con contenido comercial o cultural. La polémica en torno al tema nace como aproximación a las industrias culturales, una vez que, algunos autores las consideran como parte de las industrias culturales mientras que otros creen que son conceptos distintos. En la opinión de Cunninghan y Tremblay (2011), el concepto de industrias creativas es un tema que sigue el panorama político, cultural y tecnológico actual. En la misma línea, Garnhan (2001) agrega que el tema solo puede ser entendido en el contexto de la Sociedad de la Información, ya que, solo gana poder ideológico, político e importancia económica por estar asociada a conceptos como: innovación, información, además del impacto de la TICs derivadas de la Sociedad de la Información. En una corriente crítica al tema encontramos la opinión de Zallo (2009), que pone en duda el estatuto científico y la utilidad del tema, pues este autor acredita que son conceptos poco claros y tienen poca consistencia ideológica si lo comparamos con las industrias culturales.

5.1.1.1. Apoyo de la administración e estructura

En España cabe destacar que la peculiaridad al asumir el discurso de las industrias creativas se centró en la relación creatividad/innovación al entender la creatividad como base de la innovación y esta como responsable del crecimiento futuro. En función de eso se fomentó las políticas de desarrollo de la sociedad de la información. La apuesta de gobierno por apoyar la sociedad de la información se dio con el lanzamiento del Programa Ingenio y con la creación de Ministerio de Ciencia e Innovación. La primera aportación del gobierno en ese sentido fue el Plan para la Promoción de las Industrias Culturales 2009 (MCU, 2008), así como políticas específicas enfocadas sobre todo a la parte tradicional de las industrias creativas (sectores culturales). En 2011 el Plan de Fomento de las Industrias Culturales y Creativas, es donde se puede ver por primera vez explícitamente la etiqueta de Industrias Culturales y Creativas.

Este plan introduce incentivos para el sector del diseño, la moda, arquitectura, tecnologías de la información y comunicación y contenidos culturales digitales. También se enfoca a los incentivos a las pequeñas y medianas empresas, la promoción de la internacionalización de las industrias culturales y añade nuevos fondos e instrumentos financieros de acceso al crédito. Fundamentalmente, los planes fomentaban el desarrollo de la sociedad del conocimiento, considerando como elementos fundamentales para el crecimiento económico de la ciudad, el conocimiento y la creatividad asociados a la innovación y las TICs.

En torno a la economía e industrias creativas se desarrolló una variada terminología que hace referencia a fenómenos que tienen la creatividad como elemento fundamental, como por ejemplo, las ciudades creativas, clases creativas, clúster creativos, economía de la experiencia, ecología creativa.

6. Resultados y conclusiones.

Después de repasar los orígenes, las definiciones y el contexto actual de los cuatro modelos objeto de estudio, se han elaborado unas tablas donde se clasifica el contenido por temas para facilitar el análisis. Se seleccionan las principales características de cada modelo para reconocer rasgos en común y la relación entre ellos. La proximidad temporal que tienen los orígenes de los cuatro modelos estudiados permite elaborar un análisis comparativo para reconocer los elementos sociales que influyeron en su aparición. Y sobre todo responder a la pregunta que da inicio a esta investigación: ¿Internet y las redes sociales han influido en la aparición de dichos modelos?

Los cuatros modelos estudiados surgieron a partir de diferentes crisis del sistema capitalista. Es importante resaltar que excepto la ES todos los modelos surgen en la primera década del siglo XXI, coincidiendo con en el auge de las nuevas tecnologías. Existe una fuerte preocupación común con la valorización del territorio local para generar desarrollo económico, fomentando el uso del conocimiento junto con las nuevas tecnologías aplicadas a posibilidades que presentan las ciudades para crear empleos, mejorando las condiciones sociales y económicas de los ciudadanos.

También se observa un auge de la cultura emprendedora. A través del fomento al emprendimiento se observa una grande presencia de pequeñas empresas, profesionales autónomos, o asociaciones y cooperativas.

Otra característica que comparten es la variedad de terminología y la falta de un concepto unificado, abriendo posibilidades para distintas interpretaciones. Este punto representa una dificultad añadida a la hora de consolidarse como modelo económico y de conseguir crear políticas públicas que apoyen su teoría.

Por otro lado, la principal diferencia que se encuentra entre los modelos está en la Economía Circular, ya que esta no propone nuevas formas de negocio o de estructura empresarial, pero sí fomenta la idea de que las industrias tradicionales deben aprovechar la revolución tecnológica para cambiar su modo de producción y distribución, por un modo más sostenible que facilitaría la creación de nuevos puestos de trabajo. También es importante señalar que es el único modelo que no ha tenido todavía un alcance mundial, pues mientras que las demás presentan manifestaciones en diversos países, la Economía Circular tiene presencia principalmente en Europa. Quizás sea por ser la última en aparecer o quizás es debido a que los demás países aun no fijan su atención en las preocupaciones que esta defiende.

En cuanto a la presencia de las nuevas tecnologías se puede percibir que las nuevas tecnologías relacionadas con el conocimiento son puntos en común entre ellos a la hora de organizar su modo de producción y distribución de productos y servicios. Cabe destacar el caso de la E. Colaborativa, donde Internet y las redes sociales son la base de su estructura de organización. Su modelo de negocio es prácticamente virtual y basado en la confianza generada a través de usuarios de una sociedad conectada. Las TICs son herramientas esenciales tanto para el desarrollo de actividades profesionales como para la estructura empresarial.

A modo de conclusión cabe señalar que la revolución tecnológica y las crisis del sistema capitalista fueron fundamentales para la aparición de estas nuevas economías. Incluso en el caso de ES, que es la única que no nació el este siglo, se percibe una gran influencia de Internet y de las nuevas tecnologías en su modo de organización y propagación. Sin duda, en todos los modelos analizados, Internet y también las redes sociales, aplicadas al modo de organización y estructura empresarial, contribuyeron a crear nuevos modelos de negocio, cambiar modos de producción y distribución y crear puestos de trabajo. Pero ahora (es un reto para un próximo trabajo) queda descubrir si esos modelos serán realmente eficaces como alternativa al modelo actual o si son apenas una tapadera del mismo sistema para manejar puntualmente las crisis que se presentan.

7. Referencias bibliográficas

Agencia Andalucía Emprende, (2016). La economía colaborativa como nuevo sector de oportunidad para el desarrollo económico y el emprendimiento en Andalucía. Área de conocimiento y estrategia. Sevilla: Dirección de cultura, innovación y Conocimiento.

Arruda, M., (2003). Sócio-economia Solidária. En: Cattani, A. A outra economia. Porto Alegre: Veraz Editores.

Botsman, R., y Rogers, R., (2010). What's mine is yours: The Rise of Collaborative Consumption. Nueva York: Harper Collins.

Comisión Europea, (2016). Una Agenda Europea para la economía colaborativa.

Comisión Europea. (2015). Cerrar el círculo: un plan de acción de la UE para la economía Circular. Bruselas.

CNMC, (2016). Estudio sobre los nuevos modelos de prestación de servicios y la economía colaborativa-Resultados preliminares. Madrid: Comisión Nacional de los Mercados y la Competencia.

Cornelian, A., R., (2006). A concepção da Economia Solidaria em Paul Singer: descompassos, Contradições e perspectivas. Dissertação de Mestrado, Araraquara.

CRUZ, A., (2005). As condições históricas do aparecimento da "economia solidária" no Brasil: as tendências do mercado de trabalho.

Cunninghan, S., (2011). Las industrias creativas y algunas respuestas a sus críticos. Ekonomiaz N.º 78.

Del Moral, L., (2015). Universidad y economía colaborativa; iniciativas orientadas al procomún desde las comunidades universitarias andaluzas. Taraceas.

De Grave, A. (2014). "The Sharing Economy: Capitalism"s Last Stand?" Ouishare. http://magazine.Ouishare.net/2014/03/the-sharing-economy-capitalisms-last-stand/.

Ellen MacArthur Foundation, (2016). Intelligent Assets: Unlocking the Circular Economy Potential.

Florida, R., (2002). Classe criativa. Porto Alegre: L&PM Editores.

Fundación Cotec para la innovación, (2017). Situación y evolución de la Economía Circular en España. Madrid.

França F., G. C. Laville, J., L., (2004). A Economia Solidária: uma abordagem internacional. Porto Alegre: UFRGS.

Garnham, N., (2000) 'Afterword: The cultural commodity and cultural policy', in The UK Cultural Sector, ed. S. Selwood, Policy Studies Institute, London.

Gaiger, L. I. G., (2003). Empreendimentos solidários: uma alternativa para a economia popular? En: ____. (org.). Formas de combate e de resistência a pobreza. São Leopoldo: Unisinos, pp.101-126.

Hobsbawn, E., (2003). Da revolução industrial inglesa ao imperialismo. 5. ed. Rio de Janeiro: Forense Universitária.

Howkins, J. 2001. Economia criativa. São Paulo: M. Books do Brasil.

Ministerio De Cultura, (2011). Plan de Fomento de las Industrias Culturales y Creativas 2011. Madrid: Secretaría General Técnica Subdirección General de Publicaciones, Información y Documentación.

__________, (2008). Plan para la Promoción de las Industrias Culturales 2009. Madrid: Secretaría General Técnica Subdirección General de Publicaciones, Información y Documentación,

TAUILE, J. R., (2009). Trabalho, autogestão e desenvolvimento. En: Escritos escolhidos 1981-2005. Rio de Janeiro: Editora UFRJ

SANTOS, B. S., (2005). Introdução. En: Produzir para viver: os caminhos da produção não capitalista. Rio de Janeiro: Civilização Brasileira, p. 23-77.

Pino, D., (2017). Jornada Andaluza de Emprendimiento en Economía Social. Andalucía Emprende, Fundación Pública Andaluza. Sevilla.

Ouishare, (2013). Collaborative Economy. http://Ouishare.net/en/about/collaborative_economy.

Sharingespaña, (2014). La economía colaborativa en España: Oportunidades de una nueva economía. Adital.

Singer, P., (2002a.) Introdução à Economia Solidária. São Paulo: Fundação Perseu Abramo.

______ (2002b). A recente ressurreição da economia solidária no Brasil. In: SANTOS, Boaventura de Sousa (org.). Produzir para viver: os caminhos da produção não capitalista. Rio de Janeiro: Civilização Brasileira, pp.81-129.

Throsby, (2001). Economics and culture. Cambridge: Cambridge University Press.

Tremblay C., (2011). Criatividade e pensamento Crítico. Intercom – Revista Brasileira de Ciências da Comunicação São Paulo, v.34, n.1, p. 255-266.

UNCTAD, (2008). Creative economy report. Naciones Unidas. Nueva York.

Zallo, R., (2009). "Industrias culturales e ciudades creativas". En: Ciudades Creativas, v.2, Creatividad, innovación, cultura y agenda local. Barcelona: Félix Manito.

CAPÍTULO II

NUEVO SOPORTE, NUEVOS MEDIOS, VIEJOS DUEÑOS. APROXIMACIÓN ESTRUCTURAL A LA PRENSA DIGITAL EN ESPAÑA

Bianca Sánchez-Gutiérrez
Universidad de Sevilla
Daniel Moya López
Universidad de Sevilla

Resumen

La llegada de Internet ha esbozado un nuevo escenario para los medios de comunicación, los cuales han encontrado un nuevo soporte en el que nacer y desarrollarse. A las ediciones digitales de los medios de comunicación tradicionales se les han unido aquellas cabeceras nativas en Internet. Pero ante la revolución virtual, gratuita y aparentemente independiente, surge la pregunta sobre cómo se configura la estructura mediática digital. El presente capítulo trata de vislumbrar, de forma inicial y breve, una aproximación a las conexiones de los medios digitales con otros sectores con el objetivo de contrastar si finalmente Internet supone una opción viable e independiente para el periodismo o si, por el contrario, se trata simplemente de una traslación al nuevo soporte de la realidad existente en prensa escrita, radio y televisión. La delimitación del estudio escoge la situación de España ateniéndose principalmente a aquellos medios digitales nativos con más audiencia.

Palabras clave

estructura de la información, medios digitales, periodismo, prensa digital, internet, España.

1. Introducción, hipótesis y objetivos

Los medios de comunicación viven al día la revolución que ha supuesto Internet. La llegada de este nuevo elemento se ha convertido en un océano por explorar por parte de la prensa, que a menudo parece vivir en un escenario de transición entre lo viejo y lo nuevo. Internet no es sólo una herramienta para los medios de comunicación, se ha convertido en todo un soporte como lo fue el papel, la radio y la televisión en anteriores épocas. Internet es un soporte que aúna a los tres citados: un espacio multimedia.

Así llega la democratización de la prensa escrita, que se ha vuelto más accesible, con mayor facilidad de uso y se ha diagnosticado como el futuro del sector. No en vano, parece estar sustituyendo a los anteriores tres soportes al darle una nueva dimensión. Gracias a esta nueva posibilidad del entorno web, bajan los costes y la inversión necesaria para poner en marcha un medio de comunicación – cuestión distinta es que sea rentable –. Desaparecen los gastos fijos en materiales como el papel, la tinta o la imprenta. Sin ser completamente gratuito, ya que se requieren costes al contratar el dominio y el *holding*, Internet es un soporte barato. Y en esta determinación encontramos la razón por la que se ha disparado el número de medios de comunicación digitales. En el caso que esta comunicación ocupa, los medios informativos se han multiplicado con la llegada del soporte digital.

La presente investigación se esfuerza por entender qué estructura empresarial surge, se deriva o aparece tras estos nuevos diarios digitales. Partiendo del concepto de la telaraña mediática expuesto por Ramón Reig (2010), por la que los medios de comunicación quedan conectados entre sí a través de intereses ajenos a la comunicación por parte de sus accionistas, ¿cuál es la situación de estos nuevos medios de comunicación nacidos en el mundo *online*? A tenor de lo ocurrido con los otros soportes que nacieron tras el papel, como fueron la radio y la televisión, que nacieron ligados a esas dinámicas mercantiles (Moya López, 2016), cabría pensar que no ha seguido un modelo diferente. Es objeto de esta investigación es observar, de una forma aproximada, el entramado empresarial que se muestra detrás de los medios de comunicación nativos digitales.

Por tanto, partimos de una pregunta de investigación:

> PI. ¿Los medios de comunicación nacidos en el soporte digital son independientes de la estructura mediática que ha absorbido a los otros soportes?

El objetivo de la presente investigación y que se llevará a cabo en las siguientes páginas es el de intentar dar respuesta a estas cuestiones. Consideramos fundamental conocer qué lugar poseen los medios nativos digitales con respecto a la estructura mediática para analizar, con profundidad, un ejercicio tan comprometido como el del periodismo. Más ante la caída del papel y la mayor propensión del soporte digital como nuevo formato de consumo informativo. Nos proponemos así en esta investigación conocer quién está detrás de los nuevos medios digitales.

2. Marco teórico

La presente investigación persigue una visión crítica con el sistema de medios conformado en la actualidad al considerar que su pertenencia a una gigantesca —a la vez que reducida en manos— estructura mediática compromete la idea del pluralismo ideológico que se le atribuye a la prensa actual.

Para ello, partimos de un enfoque estructural, que persigue enlazar y tener una visión compleja pero completa del objeto que se estudia. En palabras de Reig (2011):

> Sampedro interrelaciona en su reflexión varios elementos: ley o derecho, economía, sociedad, poder, mundo mediático, articulado con el poder y con la economía, ideología, conceptos filosóficos como el de libertad. Eso es una metodología estructural. Si somos capaces de comprender lo que nos ocurre a nivel personal y "global" (uno y otro se interaccionan) es mediante esta metodología. [...] El enfoque estructural exige, por tanto, observación, análisis, capacidad crítica, inconformismo y transgresión.

No se trata, por tanto, sólo de entender la comunicación, sino de hacerlo en un contexto en el que engloba a la política, a la economía, al derecho, a la filosofía, a la historia y a otras disciplinas. Se trata de una querencia por una multidisciplinariedad que Teun A. Van Dijk (2003) considera fundamental en los estudios sobre esta materia. Con el enfoque estructural se persigue conectar "todo con todo" para tener una amplia visión de lo que sucede y no quedarse en un primer plano superficial.

Este trabajo parte de la Economía Política de la Comunicación. En palabras de Vicent Mosco (1996):

> En esencia, la Economía Política de la Comunicación sostiene que la comprensión del cómo requiere más de quién hace qué a quién. [...] Esto se logra mediante la determinación de qué acciones se llevan a cabo, y esto demanda la localización de la política de comunicación dentro de la economía política en general, incluidas las tendencias históricas y contemporáneas. Por último, la Economía Política de la Comunicación se mueve más allá del instrumentalismo llamando a una comprensión crítica del proceso de la política, que conecta a una comprensión estructural e histórica de valores o una moral desde el punto de vista filosófico que evalúa el proceso por su contribución a la democracia, la igualdad, la participación, la equidad y la justicia.

Así pues, esta perspectiva crítica de la Economía Política de la Comunicación y el enfoque estructural, es, coincidiendo de nuevo con Van Dijk (2003) y su Análisis Crítico del Discurso, una "actitud" por la que tomar parte para defender a los dominados ante la "reproducción del abuso de poder o de la dominación" a través del discurso. Posee un compromiso social – en el párrafo de Mosco vemos valores como la democracia, la igualdad, la participación, la equidad y la justicia-.

Toda esta teoría se enmarca dentro de la materia que conocemos como Estructura de la Información, que en palabras de Mancinas-Chávez (2016):

> [...] es la materia que, en el marco de las Ciencias de la Información, tiene por objetivo el estudio del sistema de medios de comunicación social tanto en su organización y funcionamiento internos como en sus interacciones con otras estructuras o superestructuras del sistema socioeconómico.

Hablamos aquí de sistemas de medios de comunicación social y de su organización, lo que hemos denominado anteriormente como estructura mediática. Siguiendo el planteamiento del enfoque estructural, y tal como reconoce Mancinas-Chávez, hay que conectarla a otras estructuras del sistema socioeconómico. Todo ello da en la estructura de poder, porque ésta no puede perpetuarse sin una estructura mediática (Reig, 2011).

¿Qué hay de malo en que los medios de comunicación tengan financiación de grandes empresas? En el contexto en el que se desarrolla la actividad empresarial de los medios de comunicación, en un sistema neoliberal como es el actual que permite la diversificación de capital de las grandes empresas, no existe una contradicción en esta cuestión. No obstante, es pertinente plantear la dudosa situación deontológica que este tipo de operaciones mercantiles deriva. Desde el momento en que se reconoce esa vinculación hay que descartar la idea de ese contrapoder que son los medios de comunicación. Ese papel, en el actual sistema de medios, no puede ser concebido si tenemos en cuenta que el poder es quien controla el teórico contrapoder. Antonia Isabel Nogales Bocio presentaba en la conferencia inaugural de las jornadas universitarias "Comprender el Periodismo Hoy" (Universidad de Sevilla, 2017) la parábola de la botella. Esta metáfora parte de cuatro botellas, cada una simbolizando a los poderes dibujados (ejecutivo, legislativo, judicial y periodismo). En una estructura mediática donde el periodismo tiene conexiones con el ejecutivo, el legislativo y el judicial, por lo que su botella vierte agua en las otras tres, da con que la cuarta, la del cuarto poder, queda prácticamente vacía a expensas de una minoría alternativa de escasa fuerza en proporción. Como concluye la Dra. Nogales Bocio, no puede haber cuarto poder si éste se ha diluido en los otros tres.

Desde una óptica neoliberal no hay ningún choque en que las grandes empresas y los medios de comunicación estén vinculados, pero dentro de la perspectiva crítica que se ha proclamado desde la primera línea, no es la óptica que acompaña a este trabajo. Consideramos que es imposible un periodismo libre sujeto a las dinámicas neoliberales. Aun así, es necesario reseñar que estas prácticas mercantiles ya existían en España a principios del siglo XX, época en la que nacen los grandes conglomerados de comunicación (Moya López, 2016).

3. Metodología

Para la elaboración de este capítulo se ha establecido un método de conexión de datos disponibles en Internet. Nuestra metodología se basa en unir lo que aparece como separado, disuelto. Se trata de contextualizar, establecer una realidad más compleja, pero con un conocimiento más completo.

El primer paso es el de seleccionar los medios de comunicación a analizar. Aquí se hace una primera distinción, al considerar tan sólo los medios nativos digitales (la prensa *online-only*). Dado que uno de los objetivos del presente capítulo es observar si el soporte digital puede desvincularse de la estructura mediática convencional, carece de sentido analizar medios digitales existentes en otros soportes que pertenecen a dicha estructura mediática. Así pues, sólo los medios nativos digitales, que no tienen ninguna otra ventana de difusión (papel, radio o televisión), y que ofrecen la visión más pura sobre la oportunidad que ofrece esta nueva herramienta, son el objeto de estudio.

Para hacer una segunda selección hemos seleccionado aquellos diarios que más usuarios únicos tienen como catalizador de visitas. Seguir este criterio encuentra su razón de ser en que podemos suponer que la audiencia de un medio vincula la potencialidad de su mensaje en tanto que éste se convierte en voz para la opinión pública. Consideramos que el nivel de audiencia, el porcentaje de público que un medio de comunicación atesora, es un ítem muy conectado a conceptos como concentración empresarial, en tanto que los lectores funcionan como clientes del producto. Este criterio lo que pretende es tener una imagen real sobre los medios de comunicación que son consumidos, si no en masa, sí en gran medida.

Para la medición de la audiencia hemos accedido a la lista realizada por ComScore, que es la empresa por la que los propios medios digitales se basan en la estimación de lectores. La muestra seleccionada hace referencia al mes de agosto de 2016 y se han escogido los cinco periódicos más leídos. Dicho esto, los cinco nativos digitales más leídos en España durante ese mes son los siguientes: *El Confidencial, El Español, OKDiario, El Huffington Post* y *eldiario.es*.

Seleccionados los medios de comunicación, se ha procedido a establecer los criterios por los que se consideren las conexiones empresariales de estos diarios nativos digitales. Para ello, hemos acudido a portales de información empresarial que albergan distintos datos y que tienen un claro objetivo de ofrecer datos a empresarios. Estos portales, que en algunos casos funcionan casi como redes sociales entre empresas, proporcionan datos valiosos sobre el sector de actividad de las empresas, cargos directivos y todos los roles desempeñados por estos en otras sociedades, además de los datos técnicos como dirección, número fiscal, etcétera.

Por lo tanto, se ha seguido un rastreo de nombres presentes en los consejos de administración de cada uno de los medios a través de su sociedad editora, que no siempre comparte el nombre del medio de comunicación en cuestión. Este rastreo ya permite ver un esbozo de las conexiones de la sociedad que edita el periódico con otras empresas ajenas a la comunicación u otros medios de comunicación.

Algunos de los portales más conocidos usados han sido *infocif*, *expansión*, *einforma* o *axesor*. Por otro lado, también se ha acudido a noticias referidas a los propios movimientos accionariales de algunas de estas compañías así como a las propias webs de estos medios digitales, aunque la mayoría de ellos apenas proporcionan datos más allá de lo concerniente al nombre de la sociedad, dirección y formas de contacto.

4. Resultados

Cabe hacer constar que el objetivo de la presente investigación no es elaborar un mapa exhaustivo de la situación empresarial de cada uno de los medios de comunicación analizados. De esta manera, no es el objetivo dibujar con detalles el mapa de la estructura mediática digital en España, sino tan sólo mostrar un esbozo de las conexiones existentes de los principales medios de comunicación que sirva de base para futuros trabajos. Con los resultados obtenidos de esa primera exploración podemos alcanzar a responder las preguntas planteadas en el primer punto. Se trata, por tanto, de un trabajo de investigación piloto que pretende tener utilidad para empezar a comprender cómo se configura la realidad mediática digital con la aparición de un nuevo soporte para los medios de comunicación.

A continuación, se analizan uno por uno los medios de comunicación seleccionados en orden de mayor a menor audiencia.

4.1. El Confidencial

El Confidencial es el diario digital nativo más leído en España y uno de los de mayor recorrido, ya que se fundó en 2001 en una apuesta temprana por internet como soporte para los medios de comunicación. El primer medio de comunicación nativo online fue *Estrella Digital* en 1997, cuatro años del nacimiento de *El Confidencial*. El nombre de la sociedad es Titania Compañía Editorial S.L.

En la actualidad, el máximo accionista es José Antonio Sánchez, que controla el 43% de la propiedad a través de AVEMA XXI 2 S.L.[2], una consultora

---

[2] Medios, (1 de julio de 2015): "Titania Compañía Editorial pone en venta El Confidencial". *Dircomfidencial.com*. Consultado el 20 de marzo de 2017 en https://dircomfidencial.com/medios/titania-compania-editorial-pone-en-venta-el-confidencial-20150701-1639/

de empresas. Una sociedad idéntica, AVEMA XXI S.L., posee el 15% de la empresa, a través de Juan Perea Sáenz de Buruaga, mientras que otro 11% de la sociedad pertenece a G. David Consultores. Con estos porcentajes, no cabe duda de que el mundo empresarial[3] está por detrás de *El Confidencial*, que posee además un carácter liberal consonante con las empresas que tienen poder tras el diario nativo.

Sin embargo, si se hila más allá de las conexiones de nombres observamos que *El Confidencial* está ampliamente conectado a la estructura mediática existente más allá de los medios nativos digitales. Véase que Sáenz de Buruaga fue director general de Telefónica Internacional, compañía que apostó muy fuerte por los medios de comunicación en la década de los 90 formando un tándem con Asensio (Reig, 1998). Además, Pedro Pérez Fernández de la Puente, administrador de G. David Consultores, fue ex presidente de Vía Digital[4], plataforma de televisión digital pionera en España en la que, precisamente, estuvo involucrada Telefónica junto al grupo PRISA, que como veremos más adelante conecta con *The Huffington Post*.

Fernández de la Puente, además, ha sido consejero en otros medios de comunicación como *El Mundo* y *Antena 3 Televisión*, además de ocupar el cargo de Director General Corporativo de Comunicación y Relaciones Institucionales de Telefónica, algo lógico con la vinculación entre la compañía española y Vía Digital mencionada anteriormente[5]. De hecho, mantuvo los cargos de manera simultánea.

Las conexiones con Telefónica se alcanzan desde el máximo accionista, pues José Antonio Sánchez fue el máximo responsable de comunicación de Juan Villalonga, presidente de la compañía telefónica[6]. Allí coincidió con Juan Perea Sáenz de Buruaga, actual socio. No debe perderse de vista el apartado cronológico. *El Confidencial* se funda en 2001, justo después de que estos tres nombres abandonen las filas de Telefónica.

---

[3] http://www.informa.es/directorio-empresas/Empresa_AVEMA-XXI-2.html

[4] Medios, (4 de noviembre de 2016): "La editoria de El Confidencial roza los 10 millones de ingresos en 2015". *Dircomfidencial.com*. Consultado el 20 de marzo de 2017 en https://dircomfidencial.com/2016/11/04/la-editora-confidencial-roza-los-10-millones-ingresos-2015/

[5] http://www.nuevaeconomiaforum.org/ponentes/pedro-perez-fernandez-de-la-puente

[6] Noticias, (1 de abril de 2014): "El dueño de elconfidencial.com, socio de un implicado en la trama Gürtel". *La Gaceta*. Consultado el 20 de marzo de 2017 en https://gaceta.es/noticias/archivo-3/dueno-elconfidencialcom-socio-implicado-gurtel-01042014-1330/index.php

A través de la larga lista de consejeros[7], las vinculaciones de *El Confidencial* con otros sectores se multiplican hasta ser un reguero de nombres imposible de abarcar de una forma simplificada. Inmobiliarias, constructoras, bancos, hostelería, etc., forman parte de las conexiones indirectas a las que alcanza Titania Compañía Editorial. Una sociedad que tiene dentro de sus cargos directivos, directamente, a grandes empresas como Grant Thorton SLP, una multinacional dedicada a la auditoría y asesoramiento empresarial. Es éste el sector con el que más conecta, en realidad, lo que vuelve a incidir en el corte liberal que toma la publicación.

4.2. El Español

Este periódico digital, nacido en 2015, fue la apuesta de Pedro J. Ramírez tras su sonora salida del diario *El Mundo*. Pedro J. tuvo entre ceja y ceja el mercado digital para su nuevo proyecto, pero no lo planteó desde una perspectiva convencional sino desde las nuevas formas de financiación que permite internet. Esto es, *El Español* posee gran cantidad de accionistas minoritarios que participaron en la empresa a través de una campaña de *crowdfounding*, que generó, en apenas mes y medio, cuentas de 3'6 millones de euros para la puesta a punto de la nueva sociedad[8]. Finalmente, en el momento de su nacimiento, el capital social ya era superior a los 17 millones de euros.

Tras algún cambio de nombre, la sociedad actualmente se llama El León de El Español Publicaciones S.A. Otros cambios se han producido en los altos cargos de la empresa al poco de nacer, lo que aumentó la crisis interna del diario, conformado casi desde el inicio en dos bandos según los postulados de sus principales accionistas[9].

El principal accionista es Pedro J. Ramírez, con un 35%, a través de la empresa Inversiones Rosebud, del que es administrador. Ramírez se ha apoyado en antiguos compañeros de Unidad Editorial, como Eva Fernández o Alejandro de Vicente[10]. Es un proceso similar al ocurrido en *El Confiden-*

---

[7] https://www.einforma.com/servlet/app/prod/DATOS_DE/EMPRESA/TITANIA-COMPANIA-EDITORIAL-SL-C_QjgyOTM4NTcy_de-MADRID.html

[8] El Español, (28 de febrero de 2015): "EL ESPAÑOL logra 5.595 inversores y 3.606.600 euros". *El Español*. Consultado el 21 de marzo de 2017 en http://blog.elespanol.com/noticias-accionistas/ultimas-horas-para-hacerse-accionista-de-el-espanol/

[9] Medios, (28 de octubre de 2016): "El Español abandona la denominación 'No hace falta papel'". *Dircomfidencial.com*. Consultado el 21 de marzo de 2017 en https://dircomfidencial.com/medios/el-espanol-abandona-la-denominacion-no-hace-falta-papel-20161028-0404/

[10] http://www.elespanol.com/quienes_somos/

cial, en el que el pasado en Telefónica marca muchas de las conexiones entre las personas integrantes de las altas esferas del diario. Sin embargo, al contrario de lo que se vislumbra en *El Confidencial*, *El Español* no está sujeto en su estructura empresarial a grandes empresas y multinacionales. Pero no es independiente.

El Español se nutre, en gran medida, de la publicidad, que es su principal fuente de financiación. Tanto es así, que en los cálculos de la empresa, las suscripciones sólo ocupan un 20% de los ingresos, por un 80% de publicidad, eventos y patrocinios[11]. Si el objetivo marcado por la empresa era el de equiparar porcentajes en cinco años, el 20% de los suscriptores iniciales de *El Español* no renovaron su abono a la publicación digital[12].

Dentro de su consejo de administración[13] inicial estuvieron presentes figuras como el abogado Javier Gómez de Liaño, quien había colaborado con *El Mundo*, abogado de Luis Bárcenas, caso que destapó el periódico que dirigía Pedro J. Ramírez, y que tiene su propio bufete; Víctor Gómez Frías, que había sido secretario de comunicación y formación del PSOE Europa; Andrés Rodríguez, director de Spain Media (que edita *Forbes*, por ejemplo); Antonio Camuñas, presidente de la consulta Global Strategies y de la Cámara de Comercio España-Estados Unidos; Nieves Segovia, que representa la parte accionarial de la que dispone SEK a través de la Universidad Camilo José Cela; Javier Cremades, que posee su propio bufete también.

En definitiva, si bien no hay ninguna gran empresa que la asocie a la estructura mediática establecida por otros soportes, no puede considerarse que *El Español* sea independiente a las dinámicas empresariales que la han ido configurando. No es un medio de comunicación que pertenezca en un gran porcentaje ni a sus suscriptores ni a sus periodistas. De hecho, a través de la figura de Gómez Frías, uno de los partidos políticos hegemónicos en España se introduce en su consejo de administración, así como otras institu-

---

[11] Vallejos, N., (27 de junio de 2015): "Nace 'El Español' de Pedro J Ramírez: crónica de su primera Junta de Accionistas". *Pmoticias.com*. Consultado el 21 de marzo de 2017 en http://prnoticias.com/prensa/prensa-pr/20142505-pedro-j-ramirez-junta-de-accionistas-el-espanol

[12] El Confidencial Digital, (21 de febrero de 2017): "El Español pierde el 20% de los suscriptores que lanzaron el medio". *Elconfidencialdigital.com*. Consultado el 21 de marzo de 2017 en http://www.elconfidencialdigital.com/medios/Espanol-pierde-suscriptores-lanzaron-medio_0_2879112082.html

[13] El Español, (4 de mayo de 2015): "Primer consejo de administración de la editora de EL ESPAÑOL". *El Español*. Consultado el 21 de marzo de 2017 en http://blog.elespanol.com/noticias-accionistas/primer-consejo-de-administracion-de-la-editora-de-el-espanol/

ciones de prestigio como la Cámara de Comercio, a través de Antonio Camuñas. Por lo tanto, estamos ante un nativo digital que no se desmarca de organizaciones bien posicionadas en la estructura de poder a nivel nacional.

4.3. OKDiario

Guarda similitud la aventura de *OKDiario* con la de *El Español* en tanto que Eduardo Inda, ex director adjunto de *El Mundo*, aprovechó el finiquito de su despido para montar la sociedad editora de esta cabecera, Dos Mil Palabras S.L. Inda, que había sido además director de *Marca*, otro periódico de Unidad Editorial, creó en un primer momento un sociedad unipersonal que más tarde se ha ampliado hasta obtener un capital de 2'7 millones de euros.

OKDiario ha sido relacionada con el Grupo Gedesco, dedicada a soportar financiación de empresas con facilidades para realizar inversiones. Gedesco era el encargado de mantener algunos de los blogs que aparecían en la cabecera de Inda[14]. En cualquier caso, esta empresa financiera no aparece en el consejo de Dos Mil Palabras S.L.

A través de sus consejeros[15] *OKDiario* conecta con otros sectores productivos de diversa categoría. Vuelven a destacar los grupos de inversión, financieros, bufetes de abogado y consultorías empresariales, sectores desde los que proceden algunos de sus consejeros. Destaca la conexión con Negocios Petrolíferos S.A., a través de su consejero José Luis Arellano Sánchez. Llama la atención que las vinculaciones se diversifican muchísimo mediante la figura de María del Carmen Fernández, consejera del diario, y que alcanza a empresas de tan distinta índole como sociedades de conservas, de viajes o hasta un grow shop. En el consejo de administración también están representadas otras empresas que sí se dedican al mundo de los medios digitales, como es el caso de El Dorado Media Holdings S.L.

El caso de *OKDiario* demuestra que, al igual que *El Español*, no está sujeta a empresas existentes en la estructura mediática de España, pero en la que se vinculan empresas de distintos sectores productivos. Por lo tanto, las dinámicas se repiten, aunque los nombres cambian.

4.4. El Huffington Post

El caso de *El Huffington Post* es un claro ejemplo de cómo los grandes conglomerados en España también apuestan por la prensa digital nativa como

---

[14] Maestre, A. (19 de mayo de 2016): "Los vínculos de OKdiario con una empresa investigada por ayudar al PP de Valencia a blanquear dinero". *La Marea*. Consultado el 21 de marzo de 2017: http://www.lamarea.com/2016/05/19/los-vinculos-comerciales-de-okdiario-con-una-empresa-investigada-por-ayudar-al-pp-de-valencia-a-blanquear-dinero/

[15] http://www.infocif.es/cargos-administrador/dos-mil-palabras-sl

nuevo nicho de mercado. Este diario es la versión en español de su edición estadounidense, por lo que supone una ampliación de mercado de la empresa matriz. Para ello, los dueños de *The Huffington Post* apostaron por una unión con el Grupo PRISA de cara a tener unas bases fuertes para el nuevo medio. Esta unión es palpable, pues el copyright de la web lleva a "Prisa Noticias S.L.U. o sus licenciadores (en particular HUFFINGTON POST INTERNATIONAL)". Por tanto, *El Huffington Post* es una *join venture* entre dos grupos de comunicación internacionales poderosos.

La versión española nació en 2012, con una partición empresarial que correspondía en un 50% a la empresa matriz estadounidense y en otro 50% a PRISA. Con esas vinculaciones, *El Huffington Post* es un diario completamente integrado en la estructura mediática española (y estadounidense) y conecta con todas las vinculaciones externas que poseen ambas compañías.

La fundadora de la edición en Estados Unidos, Arianna Huffington, pasó a formar parte del consejo de administración de *El País*, buque insignia de PRISA, en 2011, un año antes de que saliera la versión en castellano[16]. Unas sinergias que dieron lugar a la aparición del nativo digital español. *The Huffington Post* pertenece a Time Warner, uno de los gigantes mundiales, que compró el portal web por 230 millones de euros. Así, Time Warner y PRISA vuelven a establecer otras conexiones, que no las primeras si nos atenemos a las experiencias de CNN, entre otras (Reig, 2011).

Si nos acercamos a Prisa Noticias S.L.U. encontramos otras de las vinculaciones del conglomerado español, ya que conecta con la sociedad principal, Promotora de Informaciones S.A[17]. Obviamente, PRISA posee unos brazos que alcanzan a muchas empresas de comunicación, por lo que se extiende como la principal empresa periodística de España, pese a su delicada situación financiera. A través de Manuel Mirat Santiago, administrador único de PRISA Noticias S.L.U. (y que fue consejero de Promotora de Informaciones S.A.), la empresa alcanza sociedades metalúrgicas y otras sociedades familiares de las que Mirat es consejero (fertilizantes, combustibles, etc.).

La matriz de PRISA expande todos esos vínculos[18]. La relación con Warner se intensifica, pues varias de las personas que integran su consejo de administración formaron parte, en algún momento, de la extensión de la compañía estadounidense en España a través de Warner Sogefilms AIE. También se halla en su consejo de administración la auditora Deloitte, uno de

---

[16] El País, (17 de mayo de 2011): "Arianna Huffington se incorpora al Consejo de EL PAÍS". *El País*. Consultado el 22 de marzo de 2017 en http://sociedad.el-pais.com/sociedad/2011/05/17/actualidad/1305583206_850215.html

[17] http://www.infocif.es/cargos-administrador/prisa-noticias-sl

[18] http://www.infocif.es/cargos-administrador/promotora-de-informaciones-sa

las más importantes a escala mundial y que está dentro de las cuatro grandes auditoras. También conecta con Altadis (empresa tabacalera) o Viscofan (cárnica) u otras gestoras de fondos como Qualitas Venture Capital.

Pero las vinculaciones van, además, con otros grupos españoles, ya que a través de José Luis Sainz Díaz alcanza a *Abc* (en teoría, competencia de *El País* y, por ende, de PRISA), periódico por antonomasia del Grupo Vocento. Así pues, *El Huffington Post* es otro elemento más de una enorme concentración periodística a nivel empresarial completamente integrado en la estructura mediática.

4.5. Eldiario.es

Eldiario.es es otro de los intentos por establecer un medio de comunicación en internet aprovechando las nuevas opciones que el soporte plantea. El proyecto, en intención (que no en línea editorial), guarda similitudes con *El Español* u *OKDiario* en tanto que su principal inversor, Ignacio Escolar, venía de dejar el diario *Público* (del que se fueron otros trabajadores para acompañar a Escolar), que había cerrado su versión en papel. Escolar invirtió en una nueva empresa, Diario de Prensa Digital S.L., para realizar un nativo digital aunque mantuviese su colaboración con Público.

El caso de *eldiario.es* muestra cómo en más de un 70% el accionariado pertenece a los propios trabajadores del medio[19] (con diferentes porcentajes, y diferente rango), lo que ya establece una diferencia con *El Español* u *OKDiario* en tanto que el capital de la empresa y, por lo tanto, sus designios, son comandados por los propios empleados del periódico. Además, otorga un importante valor a los fondos obtenidos de los socios y suscriptores.

A través de sus consejeros[20], *eldiario.es* conecta con otras empresas como Bitban Code, que no sólo se encarga de la web de *eldiario.es* sino que también lo hace de *El Español* o de Mediaset, entre otros. También, a través de Alejandro García Morales, alcanza a la empresa de inversiones de éste y a KIA Motors Iberia S.L., que a su vez conecta con KPMG, otra de las cuatro grandes auditoras a nivel mundial. Mediante otros miembros del consejo conecta con Sisifus Producciones, controlada en gran parte por Ernst & Young, la tercera de las cuatro grandes auditoras.

Las conexiones se diversifican hacia sectores más dispares como el sector de la construcción (Obras Subterráneas), industrias químicas o la hostelería.

---

[19] http://www.eldiario.es/el_equipo/
[20] http://www.infocif.es/cargos-administrador/diario-de-prensa-digital-sl

5. Conclusiones

Obtenidos los resultados, a modo de conclusión se responde a la Pregunta de Investigación (PI) planteada en el primer apartado de esta investigación. Como ya se ha indicado en anteriores epígrafes, se trata de un primer esbozo, de una base sobre la que construir proyectos de investigación más elaborados. Las preguntas realizadas al principio del capítulo conceden un punto de partida interesante para futuras investigaciones.

Analizados los casos, es cierto que, al menos, en el caso de los diarios digitales nativos, no se producen muchas vinculaciones con otros grandes conglomerados de otros soportes. Existe una posible explicación a este hecho: esos grandes conglomerados ya tienen sus propios medios generalistas *online* (la versión digital de su periódico en papel, de su emisora de radio o de su canal de televisión), por lo que no necesitan la apertura de un diario exclusivamente en soporte internet. Sólo en el caso de querer orientar a dicho periódico digital de otro enfoque cuenta con algún sentido. En los casos analizados, uno de los medios presenta una diferencia significativa: *El Huffington Post*. Ya se ha visto cómo está participado en un 50% por PRISA y en otro 50% por Time Warner. Si nos atenemos al caso español, *El Huffington Post* mantiene un diseño y una estética más renovada, dirigida a un público más joven, más dinámico y con contenidos adaptados a este sector. Hablamos de contenidos virales o de análisis de la realidad enfocados desde una perspectiva más superficial. Mientras *El País* en su versión online sigue patrones más convencionales, *El Huffington Post* se adapta mucho mejor a los usuarios más jóvenes de internet.

Otras de las lecturas de su pertenencia o no a la estructura mediática tiene que ver con el pasado de los impulsores de la prensa digital en España. Indudablemente, Pedro J. Ramírez en *El Español*, Eduardo Inda en *OKDiario*, Ignacio Escolar en *eldiario.es*, o el tándem formado por antiguos empleados de Telefónica fueron parte en su momento de la estructura mediática. El propio presidente de *eldiario.es*, José Sanclemente, fue consejero en el Grupo Zeta. Pero esta visión carece de una aseveración dogmática o de inclusión a la estructura mediática. Consideramos que no se pueden ligar los designios actuales de los consejeros de un medio de comunicación por las conexiones pasadas, siempre y cuando no haya vínculos indirectos que mantengan vivas esas relaciones. Es decir, habría vinculación con la estructura mediática si, por ejemplo, Telefónica tuviera algún vínculo indirecto actual con *El Confidencial*, lo que se entendería mucho mejor a sabiendas de que varios de los accionistas principales del medio pasaron por las filas de la multinacional española.

Visto que, en cierto modo, puede desligarse la prensa digital de la estructura mediática convencional, cabe hacer constar una importante apreciación, con la que iniciamos también la respuesta a la segunda de las preguntas planteadas. Que no tenga conexiones con la estructura mediática establecida no implica que la prensa digital en España constituya, por sí, una propia estructura mediática. Es decir, aún con los relativos bajos costes de crear un medio de comunicación en este soporte, la aparición de empresas y nombres ajenos a la comunicación en los periódicos digitales es también la tónica habitual. Por lo tanto, aunque no termine de conectar, ha creado para sí otra estructura mediática, que cae en conflicto con la independencia del periodismo.

Todos los medios analizados tienen conexiones extrañas a la comunicación detrás. Todos, independientemente del modelo de financiación que persigan prioritariamente. Véase que las empresas auditoras más importantes a nivel mundial tienen relación directa con dos de los cinco medios analizados; que son muchas las consultoras empresariales y bufetes de abogados los que están presentes también en relación al accionariado; y que empresas de muy diversos sectores también alcanzan esas posiciones de privilegio. Estas relaciones coexisten con otras pertenecientes al sector de la comunicación, ya sea entre productoras, otros portales webs o servicios de gestión de contenidos, creando grupos más nutridos, exactamente igual que ocurriera según se fueron formando los grupos de comunicación en España a principios del siglo XX (cfr. Moya López, 2016).

Hay que atender, también, al modelo de financiación de los medios de comunicación. Mientras que *El Confidencial, El Huffington Post* y *OKDiario* siguen un modelo más tradicional, es decir, a través de la inversión de sus accionistas y la publicidad; *El Español* y *eldiario.es* han buscado las alternativas que ofrece internet, a través de los socios (que no es distinto a los suscriptores del soporte papel, por otro lado). Sin embargo, en ninguno de los dos casos logran cubrir a través de sus suscripciones todos los beneficios que le permitieran prescindir por completo de la publicidad para mantenerse independientes a otros sectores.

Así pues, a tenor de lo visto en los tres últimos párrafos, no podemos considerar que la prensa digital nativa sea independiente, ya que sigue a merced de los intereses tradicionales: accionistas y publicidad. Por tanto, no ha sido internet una herramienta que libere el periodismo, puesto que tan sólo está ejerciendo un papel, un rol de nuevo soporte (como lo fue la radio, como lo fue la televisión), pero no hablamos de un nuevo modelo de negocio, que sería lo preciso para alcanzar aquellas metas de ser el cuarto poder que Edmund Burke otorgó al periodismo allá en el siglo XVIII.

6. Bibliografía

Mancinas-Chávez, R., (2016). *Fundamentos teóricos de Estructura de la Información*. La Laguna (Tenerife): Sociedad Latina de Comunicación Social.

Mosco, V., (1996). *The Political Economy of Communication: Rethinking and Renewal*. Londres: SAGE Publications.

Moya López, D., (2016). *Historia de las empresas periodísticas de España en el siglo XX (1881-1989). Antecedentes de los actuales conglomerados mediáticos*. Trabajo Fin de Máster, Universidad de Sevilla. Sevilla.

Nogales Bocio, A. I., (Abril de 2017). "La investigación en comunicación hoy en día. Nuevos horizontes para comprender el periodismo". En R. Mancinas-Chávez (Presidencia), Conferencia Magistral de las *Jornadas Universitarias 'Comprender el periodismo hoy'*. Sevilla: Ladecom.

Reig, R., (1998). *Medios de comunicación y poder en España*. Barcelona: Paidós Ibérica.

________ (2010). *La telaraña mediática: cómo conocerla, cómo comprenderla*. Sevilla: Comunicación Social.

________ (2011). *Los dueños del periodismo*. Barcelona: Gedisa.

Van Dijk, T. A., (2003). La multidisciplinariedad del análisis crítico del discurso: un alegato en favor de la diversidad. En WODAK, Ruth y MEYER, Michael: *Métodos de análisis críticos del discurso*. Barcelona: Gedisa. pp. 143-177.

6.1. Documentación hemerográfica

El Confidencial Digital, (21 de febrero de 2017): "El Español pierde el 20% de los suscriptores que lanzaron el medio". *elconfidencialdigital.com*. Consultado el 21 de marzo de 2017 en http://www.elconfidencialdigital.com/medios/Espanol-pierde-suscriptores-lanzaron-medio_0_2879112082.html

El Español, (28 de febrero de 2015): "EL ESPAÑOL logra 5.595 inversores y 3.606.600 euros". *El Español*. Consultado el 21 de marzo de 2017 en http://blog.elespanol.com/noticias-accionistas/ultimas-horas-para-hacerse-accionista-de-el-espanol/

El Español, (4 de mayo de 2015): "Primer consejo de administración de la editora de EL ESPAÑOL". *El Español*. Consultado el 21 de marzo de 2017 en http://blog.elespanol.com/noticias-accionistas/primer-consejo-de-administracion-de-la-editora-de-el-espanol/

El País, (17 de mayo de 2011): "Arianna Huffington se incorpora al Consejo de EL PAÍS". *El País*. Consultado el 22 de marzo de 2017 en http://sociedad.elpais.com/sociedad/2011/05/17/actualidad/1305583206_850215.html

Maestre, A., (19 de mayo de 2016): "Los vínculos de OKdiario con una empresa investigada por ayudar al PP de Valencia a blanquear dinero". *La Marea*. Consultado el 21 de marzo de 2017 en http://www.lamarea.com/2016/05/19/los-vinculos-comerciales-de-okdiario-con-una-empresa-investigada-por-ayudar-al-pp-de-valencia-a-blanquear-dinero/

Medios, (1 de julio de 2015): "Titania Compañía Editorial pone en venta El Confidencial". *Dircomfidencial.com*. Consultado el 20 de marzo de 2017 en https://dircomfidencial.com/medios/titania-compania-editorial-pone-en-venta-el-confidencial-20150701-1639/

Medios, (28 de octubre de 2016): "El Español abandona la denominación 'No hace falta papel'". *Dircomfidencial.com*. Consultado el 21 de marzo de 2017 en https://dircomfidencial.com/medios/el-espanol-abandona-la-denominacion-no-hace-falta-papel-20161028-0404/

Medios, (4 de noviembre de 2016): "La editora de El Confidencial roza los 10 millones de ingresos en 2015". *Dircomfidencial.com*. Consultado el 20 de marzo de 2017 en https://dircomfidencial.com/2016/11/04/la-editora-confidencial-roza-los-10-millones-ingresos-2015/

Noticias, (1 de abril de 2014): "El dueño de elconfidencial.com, socio de un implicado en la trama Gürtel". *La Gaceta*. Consultado el 20 de marzo de 2017 en https://gaceta.es/noticias/archivo-3/dueno-el-confidencialcom-socio-implicado-gurtel-01042014-1330/index.php

Vallejos, N., (27 de junio de 2015): "Nace 'El Español' de Pedro J Ramírez: crónica de su primera Junta de Accionistas". *Prnoticias.com*. Consultado el 21 de marzo de 2017 en http://prnoticias.com/prensa/prensa-pr/20142505-pedro-j-ramirez-junta-de-accionistas-el-espanol

CARACTERIZACIÓN DE LAS DINÁMICAS POLÍTICAS Y LA PARTICIPACIÓN ELECTORAL DE LOS JÓVENES DEL ORIENTE COLOMBIANO: UNA APROXIMACIÓN AL USO DE REDES SOCIALES DIGITALES EN EL EJERCICIO DE LA CIUDADANÍA

Giovanni Bohórquez-Pereira
Universidad Pontificia Bolivariana, Colombia
Olga Beatriz Rueda Barrios
Universidad Pontificia Bolivariana, Colombia

Resumen

Caracterizar a los jóvenes desde sus dinámicas políticas y de participación electoral en cinco localidades de la región oriente de Colombia tiene el propósito de identificar rasgos de comportamiento que coadyuven a generar estrategias de comunicación que fortalezcan la formación de sujetos políticos en su ejercicio de ciudadanía. El proyecto titulado *"Incidencia de los contenidos que circulan en redes sociales y mass media en la participación política y electoral de los jóvenes votantes. Un estudio desde el oriente colombiano"* estableció como prioridad conocer las razones que tiene este segmento poblacional para asumir posiciones desde lo político y las condiciones sociales y mediáticas que inciden en su accionar político y electoral. La investigación centró especial importancia en el uso de las redes sociales digitales, escenario natural de comunicación en la actualidad. La investigación se ubica en el paradigma cualitativo desde el enfoque del Macromol de Hermenéutico planteado por Losada y Casas (2010). Se desarrolla a través de grupos focales y entrevistas estructuradas. La población participante tuvo como criterio de inclusión, hombres y mujeres de 18 a 26 años, que habitan el oriente colombiano, han participado alguna vez del sufragio popular ejerciendo el derecho al voto y usan las redes sociales digitales. Los hallazgos confirman la prevalencia del consumo de medios masivos y el uso cotidiano de redes sociales digitales por parte de este sector de la población. De igual forma, se identifican las motivaciones que los llevan a participar de medios digitales y los temas que les generan interés para proceder a la interacción digital. Estos, entre otros, tienen que ver con el contacto y comunicación con amigos y el estar enterados de la agenda mediática. Se evidencia pues que el uso de redes sociales tiene poca relación con asuntos de activismo desde lo político y electoral.

Palabras claves

jóvenes, ideología, movilización, participación política y electoral, redes sociales, TIC.

1. Introducción

Se considera oportuno iniciar el presente capítulo citando a Morozov (2012), quien recuerda que desde tiempos de la Revolución Industrial hasta los actuales, cada vez que surge y se masifica una propuesta técnica o tecnológica, esta cobra relevancia en el debate público. Para la mayoría de los casos, la generación de artefactos tecnológicos producen consecuencias desde lo político, económico y social que alteran y gestan una serie de expectativas que en ocasiones fortalecen o desvirtúan los fines para los cuales fueron creados. "Las tecnologías que debían dotar de poder al individuo fortalecieron el dominio de las grandes multinacionales, mientras que las debía fomentar la participación democrática produjeron una población de teleadictos" (Morozov, 2012: 349). De esta manera, se evidencia una posición pesimista del autor con referencia al uso y apropiación de las TIC, máxime cuando se hace referencia a procesos de participación política. Al respecto, Morozov hace alusión a un excesivo fervor digital, es decir, se espera demasiado del uso de Internet, como si la tecnología por si sola fortaleciera la revitalización de las esferas públicas.

Ahora bien, las críticas a las tecnologías no son de este siglo o el anterior. En 1858, es decir, hace 160 años, el mundo y en particular en Occidente se anunciaba la transformación del mundo de las comunicaciones y con ello la aldea global. "El Telégrafo une con un cable vital todas las naciones de la Tierra. Es imposible que los viejos prejuicios y hostilidades continúen existiendo, pues este instrumento ha sido creado para intercambiar ideas entre todas las naciones" (Morozov, 2012: 350).

Diez años después, Edwar Thornton, embajador de Inglaterra en Estado Unidos, dirá que este medio que transmite conocimiento sobre lo que acontece elimina causas de incomprensión y promueve la paz y la armonía en todo el mundo. Sin embargo, con el paso de los años y llegando a su tercera década de existencia[21], los inconvenientes y críticas aparecieron de nuevo en el escenario público.

Morozov (2012: 351) reseña cómo la gente empezó a advertir que tal como el telégrafo entregaba información sobre delincuentes, este podría ser utilizado por timadores para emitir falsas alarmas y así lograr sus objetivos. Tanto fue el pavor que hasta periódicos como el *New Orleans Commercial*

---

[21] En la actualidad podría ser al tercer año, tercer mes o tercera semana de estar en el mercado y uso comercial.

Times registraban en sus páginas su más ferviente deseo "de que el telégrafo jamás se acerque a nosotros más de lo que se encuentre ahora".

A lo anterior se le sumaron críticas como la brevedad e inmediatez de circulación. Para las elites culturales de la Inglaterra victoriana del momento, mostraba preocupación la trivialización del discurso público y un auge por la fragmentación de la información, dando prioridad a la difusión de todo tipo de "noticias" y dejando a un lado la presentación, sustentación y elaboración de información a publicar.

El citado autor sigue mostrando en *El desengaño de Internet. Los mitos de la libertad en la red* logros tecnológicos que transformaron social, económica y políticamente a la sociedad y que también generaron ambigüedad en cuanto a los resultados de quién y para que usarlos. El aeroplano, el automóvil, la radio, el teléfono, la televisión e Internet, son ejemplos cercanos y que introducen la disertación en la investigación realizada.

Algunos hechos permiten ubicar en el contexto y explicar la relación de la tecnología con los cambios políticos y sociales de la humanidad:

- En los años 20 del siglo pasado, se aseguraba que la radio iba a cambiar la naturaleza de las relaciones políticas entre el ciudadano y los gobiernos.

- La revista *Collier* en 1928 afirmaba que "la radio bien usada hará más por el gobierno popular que casi todas las guerras por la libertad y el autogobierno".

- Dos años más tarde el *New Republic* sentenció: "hablando con franqueza, la radio se va a echar a perder en Estados Unidos".

- Doce años después (1942) Paul Lazarsfeld dirá que la radio "ha sido hasta el momento una fuerza conservadora en la vida estadounidense, y ha producido escasos elementos de progreso social".

- Orrin Dunlap, crítico de radio y televisión de los años veinte, dice Morozov (2012: 355) aseguraba que "...la televisión, sin la menor duda-conducirá a una nueva era de las relaciones cordiales entre naciones de la Tierra...; las actuales ideas sobre los países extranjeros cambiaran".

- El director de la Radio Corporation of America, David Sarnoff, inducía la aldea global al anunciar que "cuando la haya cumplido su postrer destino [...], con este llegarán [...] una nueva sensación de libertad y un entendimiento mejor y más amplio entre todos los pueblos del mundo".

- Theodore Roosevelt Jr., como gobernador del Estado de Filipinas en 1932 predijo que la televisión "provocaría un vivo interés en toda la nación por aquellos que dirigen su política, y por las políticas mismas". Esto, según Roosevelt llevaría a que la gente pensara por sí misma y menos en la dirección de los miembros locales de las maquinarias políticas.

De otra parte, diversos autores se han encargado de explicar las posibilidades de motivación y participación ciudadana que se gestan a través de Internet, con el propósito de fortalecer a la ciudadanía. En tal sentido, Castells (2012) expone que Internet puede ser un instrumento fundamental para el desarrollo de la democracia. Para el autor, la posibilidad de acceso a la información y la participación de los ciudadanos, que puede darse desde diversas plataformas que brinda Internet, se convierte en un reto, de tal manera, que se logren establecerse relaciones horizontales entre los ciudadanos y las diversas instancias de poder:

> Desde el abismo de la desesperanza han surgido, en todas partes, un sueño y un proyecto: reinventar la democracia, encontrar formas de que la gente gestione colectivamente su vida de acuerdo con los principios democráticos compartidos y que a menudo se olvidan en la experiencia cotidiana (Castells, 2012: 807).

De allí que los aportes de Castells (2012) se convierten en fundamentales si se pretende avanzar en una hipótesis de Internet como escenario de participación política, en tanto promueve la idea de la Sociedad Red, una sociedad cada vez más interconectada, en la que las fronteras de los problemas locales son cada vez más difusas y existe una solidaridad colectiva sobre los grandes problemas mundiales. De allí que la investigación pretendió conocer la incidencia del uso de las redes sociales en las dinámicas políticas y electorales de los jóvenes del oriente colombiano.

Es innegable que Internet, al igual que los medios tradicionales de comunicación masiva, se convierte en fundamentales para la construcción de opinión pública. Precisamente, Internet ha servido como escenario para la discusión de temas de agenda pública, autores como Caldevilla (2009), lo visualizan como una posibilidad para el restablecimiento de lo social:

> La cultura digital es una ola de restablecimiento social (de ahí su empaque político) que conecta con comportamientos cada vez más latentes de nuestra sociedad: el gusto por la creación de información y conocimiento compartido; rechazo al adoctrinamiento ideológico y a las jerarquías piramidales verticales; nuevas formas de relacionarse y sociabilizarse; reconocimiento a los liderazgos que crean valor; sensibilidad y curiosidad por los temas más cotidianos y personales y creatividad latente como motor de innovación (Caldevilla, 2009: 33).

2. Problema a investigar

Lo expuesto hasta el momento permite señalar que las tecnologías y en particular las relacionadas con Internet, en algunos casos, son vistas como una oportunidad para lograr procesos democráticos y en otros, como una utopía. Uno de los segmentos poblacionales que está activo en el uso de los contenidos que circulan en la red son los jóvenes; este grupo social recibe y da información, la organiza y la reproduce. Su entorno social les reclama por su apatía y desinterés, pero al mismo tiempo les restringen y los consideran inmaduros para asumir las responsabilidades propias de un ciudadano, Bohórquez-Pereira (2015). En lo político pasa lo mismo, no quieren pertenecer a ningún partido sin embargo se declaran activistas ambientales, protectores y defensores de animales y seguidores acérrimos de equipos de fútbol, grupos musicales y personajes del *League of legends*.

En el campo de lo electoral, el Movimiento de Observación Electoral, MOE, asegura que los jóvenes de Colombia deciden su voto desde tres grandes influencias: propuestas de candidatos (87,6%), trayectoria académica y laboral del candidato (86%) y lo recibido por los medios masivos (69,9%). Este último dato confirma la presencia de los medios masivos en la participación y decisión en lo político electoral.

Es necesario entonces preguntarse por la verdadera actitud del joven "hiperconectado" aficionado a las redes sociales y los videojuegos, con bajo acceso a servicios y actividades culturales y desempleado" (Ospina, 2013).

Para el año 2014 la Registraduría del Estado Civil, informó que del total de la población apta para votar en Colombia, el 16% es joven (18 a 26 años) y sólo el 10% de ella vota. En cifras, más de 47 millones de ciudadanos aptos para votar; de estos, 7 millones son jóvenes y de ellos acuden a las urnas unos 700.000.

Sobre estas bases y factores relacionados con lo virtual, se formuló como pregunta problema: ¿qué significado le otorgan los jóvenes votantes del oriente colombiano a los contenidos que circulan en las redes sociales y *mass media* en el momento de participar política y electoralmente?

3. Los jóvenes en lo social y político

Es importante reconocer que desde el mundo antiguo hasta la actualidad, los jóvenes han estado presentes como activistas sociales, si bien es cierto, Colombia no tiene una trascendencia histórica de participación juvenil en este sentido, sí se observa que desde la Universidad pública existe un mayor interés por participar de las decisiones colectivas. En su detallado escrito, Santillán y González (2016) registran de manera precisa cómo surge el interés permanente por este segmento poblacional clave en la construcción social.

Desde la Grecia antigua, pasando por los diferentes periodos del Imperio Romano, los jóvenes dieron sustento a la mitología y a las categorías que dieron origen al proceso de transición entre la niñez (*pueritia*), la *juventus* (juventud) y la adultez (*senex*). Dicha división permaneció en el imaginario social por 1.300 años "hasta que en el siglo VII el arzobispo Isidoro de Sevilla introdujo una nueva clasificación que incluía la infancia hasta los siete años de edad, la *pueritia* hasta los 14, la *adulescentia* hasta los 28, y la *juventus* hasta los 50 (Vitale, 2014)" (Santillán y González, 2016: 116).

Por su parte el Medioevo hizo variantes respecto a los jóvenes en los campos de género y clase social. Los autores recuerdan cómo en ese momento histórico de la humanidad, culturalmente se produjo una serie de imaginarios de tipo estético y ético como: la virtud de la castidad, asociada directamente a las doncellas vírgenes mayores de 12 años, así como el ruido y la turbulencia, que implicaba a los grupos juveniles de varones que organizaban o frecuentaban fiestas.

Pero en definitiva, la primera reflexión sobre los jóvenes y su rol en la sociedad es escrita en 1762. Émile, ou De l'éducation de J. Rousseau, es considerado el primer tratado filosófico dirigido a señalar que la juventud es un periodo crítico y al mismo tiempo con influencia sobre el desarrollo del ser humano ideal. En palabras del filósofo francés, la juventud es la edad crítica y excitable, donde la imaginación inflama los sentidos fácilmente, donde todo presenta a sus ojos "deleites que deben ser sosegados".

Rousseau reconoce históricamente la representación cultural del adolescente/joven en la Europa del siglo XVIII, "su influencia como texto pedagógico tendrá un carácter central en el posterior desarrollo de la visión académica sobre la juventud, esta visión idealizada permanecerá cerca de 150 años" (Santillán y González, 2016: 117).

El final del siglo XIX y gran parte del XX es el lapso donde la sociología, antropología, psicología y economía, dan los mayores aportes teóricos sobre jóvenes en la sociedad. Las discusiones que emergieron incluyeron debates que pasan por lo racional y lo biológico. Prueba de ello, lo planteado por Stanley Hall, quien en 1905 expone la "teoría psicológica de la recapitulación". El ser humano de edad comprendida entre los 12 a 22-25 años se encuentra en preparación para dejar la dependencia y asumir la adultez. "Para Hall (2004), la adolescencia es un nuevo nacimiento, donde el organismo se prepara para su pleno potencial. En el pasado quedó el niño, al llegar a la adolescencia físicamente los varones se encuentran preparados para ser agresivos, mientras las jóvenes se preparan para la maternidad" (Santillán y González, 2016: 118).

Siete años después, J. Admas Puffer, dictaminará que el comportamiento de los jóvenes y en particular a los que llamará "problemáticos", es resultado de conductas heredadas. Por eso para él, la juventud terminará representando los instintos bárbaros, que si bien posibilitan la adquisición de habilidades y fortalezas físicas, "no son de ningún modo deseables" en los jóvenes modernos (Puffer, 1912: 84).

Dos reflexiones cortas frente a lo dicho por Puffer. Una es que se puede indicar que a partir de esa afirmación se inicia la denominación agresiva a los jóvenes que terminará de alguna u otra manera estigmatizándolos y ubicándolos en lo que él llamó: "la pandilla". El otro punto, es que desde los trabajos de Puffer, se puede afirmar que entra en plenitud la investigación de carácter cualitativo y en particular el enfoque Estudios de Caso, pues las reflexiones y trabajos que realizó en instituciones educativas, le permitieron caracterizar grupos sociales en escenarios y situaciones particulares.

Mientras estos avances y lecturas sociales se hacían a los jóvenes norteamericanos, en el sur del mismo continente, los análisis eran de otros tipos. Fexia (2014: 69) registra cómo para el momento histórico de comienzo del siglo XX, en América Latina no se configuraba la "adolescencia" y lo juvenil como actor social, sino como una condición minoritaria y propia de las elites.

Durante la década de 1920, y resultado de una serie de eventos sociales y políticos, como la revolución mexicana y rusa, los movimientos obreros, la inmersión de la clase media y "las vanguardias artísticas en la vida política desde una plataforma universitaria, propiciaron en América Latina el surgimiento de la figura identitaria del «joven» y de la juventud (preferentemente masculina) como un nuevo actor social" (Fexia, 2014: 73).

La incidencia de la denominada Reforma de Córdoba (1918) fue tal, dice el autor, que produjo reacciones en cadena, exigiendo cambios estructurales en la vida política y social de Argentina, México, Chile, Ecuador, Venezuela, Bolivia, entre otros. Dichas peticiones fueron escritas, argumentadas y defendidos desde los campus universitarios por parte de los movimientos estudiantiles que permanecieron hasta la década oscura de los años setenta, donde la represión, intimidación y muerte hará que los jóvenes se dispersen, silencien y oculten.

El viejo continente registra a comienzos del siglo XX, tres tipologías o formas de actuar de los jóvenes. El primero en organizaciones juveniles burguesas, creadas y orientadas por adultos con el nombre de Boy Scout, los cuales darán vida a colectivos cuyos principios ideológicos, en palabras de Feixa (2014), fusionan el patriotismo, el darwinismo social y el culto a la adolescencia. En paralelo, están los jóvenes de la clase obrera que surgen producto de la revolución industrial y sus dinámicas y roles en la sociedad no serán tenidas en cuenta sino tres a cuatro décadas después.

Pero es Walter Benjamin en 1914 el responsable de empezar a revisar el rol social de los jóvenes europeos. En contraste con los discursos de corte religioso y moral que circulaban en ese momento en aras de la protección y orientación juvenil, también aparecen lecturas progresistas que convocan a los ambientes escolares y a sus integrantes, a reflexionar sobre la sociedad y a participar activamente en su transformación. El pensador alemán difundió a través de sus ensayos, principios como los de la «Comunidad Escolar Libre» que promulgaba una «cultura de la juventud» donde ésta tiene "un papel fundamental en poner en contacto a los jóvenes con el espíritu y no con los intereses materiales" (Fexia, 2014: 70).

Otro gran aporte en este sentido, fue lo planteado por el italiano A. Gramsci entre los años de 1920 y 1930. Su propuesta sobre la subalternidad de los jóvenes impuesta por los adultos, a fin de que los segundos no pierdan control, dominio e incidencia en su formación bajo sus propios modelos, sirvió posteriormente como gran referente teórico para analizar la juventud.

Para el autor, la discordia y el conflicto entre unos y otros, es una excusa que no deja ver el trasfondo. La verdadera problemática que deja entrever la subordinación versus la rebelión a la misma es "la incapacidad de la vieja estructura de satisfacer las nuevas exigencias y no permitir la posibilidad de "horizontes abiertos (Gramsci, 1981)" (Santillán y González, 2016: 120).

Los planteamientos de Benjamin y Gramsci deberán esperar su difusión y apoyo por lo menos en Europa unos años. Dos guerras mundiales y sus respectivos desastres ambientales y humanos, hicieron que tanto los ideales como la vida misma de los jóvenes estuvieran en peligro de desaparecer. Millones de ellos murieron; su participación en estos escenarios de sangre y destrucción solo dejó dolor e indignación.

Sin embargo, al volver la mirada a Norteamérica y siguiendo la cronología de Santillán y González (2016), se hallan importantes trabajos investigativos sobre la sociedad y sus integrantes. Margaret Mead (1928) y Karl Mannheim (1928) son dos buenos ejemplos que permitieron seguir revisando comportamientos y actitudes de los jóvenes. La primera concentró su atención en precisar que ellos se comportan de un modo u otro según el lugar y con quién se encuentren; lo que sirvió para refutar que lo emocional y edad no son los motivos primordiales para el comportamiento de los chicos y chicas. Mannheim, por su parte, clarificó y caracterizó el concepto generaciones, el cual denominó más que una comunidad, lo definió como un grupo que comparte condiciones de vida, que se conforma de acontecimientos y experiencias y que se estructura al compartir un mismo "cuadro de vida histórico social".

Será en tiempos de la posguerra donde aparecerán nuevas categorías de análisis orientadas a explicar el comportamiento de una sociedad capitalista, centrada en productividad y consumo, con el apoyo de la publicidad y los medios masivos de información. En ese nuevo escenario entrarán los jóvenes y será Talcott Parsons (1954) quien entrega el primer acercamiento conceptual de "cultural juvenil".

La propuesta surgida desde la escuela estructural-funcionalista norteamericana, va a permitir identificar que la "cultura juvenil (...) contiene los elementos que están presentes tanto en la cultura preadolescente como en la adulta. Esta peculiar combinación asociada al nivel de edad es única y altamente distintiva de la sociedad norteamericana" (Parsons, 1954: 91).

Santillán y González (2016: 121) aseguran que desde la perspectiva de Parsons, la cultura juvenil se producía a partir de una generación que consumía sin producir, y que al permanecer en las instituciones educativas se alejaba del trabajo y de la estructura de clase. Al mismo tiempo, la cultura juvenil desarrollaba funciones positivas que facilitaban al joven la transición de la seguridad de la niñez hacia el matrimonio y la vida productiva.

Sin desconocer trabajos como los de Ralph Linton (1940), Karl Mannheim (1961), William Foote Whyte (1943), Hollingshead (1949), James Coleman (1959, 1961) y Barry Sugarman (1967), son Gary Schwartz y Don Merten (1967) quienes aportarán el concepto de subcultura para comprender la cultura juvenil.

Para Schwartz y Merten, la cultura juvenil de James Coleman (1959, 1961) en realidad debería analizarse como una subcultura que debería entenderse como un estilo de vida relativamente distinto, con características de auto-generación, autonomía, recursos institucionales y territoriales capaces de soportar una crisis, aislamiento y las presiones del exterior. El concepto de subcultura permite entender la existencia de diferentes subsistemas dentro de la sociedad. La subcultura juvenil ("youth subculture") provee específicamente a sus miembros de un punto de vista distinto del mundo y de su propio estilo de vida (Schwartz y Merten, 1967: 168).

Feixa (1992) agregará que Hall & Jerferson (1983) y Hebdige (1979), representantes de la Escuela de Birmingham, fueron los encargados de proponer el concepto de "subcultura" como estrategia para comprender los estilos de vida y propone el concepto de culturas juveniles:

> (...) las cuales hacen referencia a la manera en que las experiencias sociales de los jóvenes son expresadas colectivamente en la construcción de los estilos de vida distintos, localizados fundamentalmente en el área del ocio, o en espacios intersticiales de la vida institucional. Se trata de una construcción simbólica, y por tanto ilusoria, pero que refleja problemáticas reales. En la línea con la escuela de Birmingham, propongo considerar a las culturas juveniles como "metáforas" del cambio social, que actúan como "espejos deformantes" que reflejan (de manera distorsionada) las contradicciones de una sociedad cambiante, en términos de sus formas de vida y valores básicos (Feixa, 1992: 75).

Finalizando el siglo XX y lo que transita del siglo XXI se puede señalar que América Latina ha entregado aportes significativos a las lecturas hermenéuticas sobre jóvenes y sociedad. Con las características propias de una región unida por hechos históricos de más allá de 500 siglos y un idioma que los representa, los investigadores de esta parte del mundo han retomado como prioridad conocer, visibilizar y diferenciar a los jóvenes latinoamericanos. Contrariamente a lo estudiado en otros continentes, sus potencialidades y limitaciones son propias de un sociedad globalizada y para nada equitativa.

Ana Rosas Mantecón (2002), Rossana Reguillo (2000), Pérez Islas (1998), Manuel Valenzuela (1998), Jesús Martín-Barbero (1994), García-Canclini (1999), Patricio Rivas (2010), Arturo Guerrero (2010) y Rivera-González (2013) entre otros, forman parte del gran y destacado grupo de estudiosos concentrados en ser críticos con la sociedad actual y su accionar ante la población juvenil. Las limitadas oportunidades que se les ofertan, los estereotipos y estigmatizaciones con que se les marca socialmente, el desconocimiento y poca valoración de sus capacidades en generación de ideas y expresiones culturales desde sus entornos y condiciones, son entre otras las denuncias y reclamos que los teóricos de este lado de América hacen de manera constante.

Para el caso particular de Colombia, Quintero Tobón (2005) registra cómo a partir de los años cincuenta y décadas siguientes, el país entra en la dinámica de productividad económica a fin de acercarse o pretender alcanzar, parámetros de crecimiento internacional y para ello hace cambios que impactan su composición demográfica, política y social.

Migración a la ciudad, industrialización y los nuevos roles que asume la familia en lo urbano, son algunas de las características de esta nueva sociedad donde los y las adolescentes se apropian de comportamientos y actitudes que se salen de lo tradicional. Entonces, durante 40 años, hombres y mujeres jóvenes insertadas en la urbe, incursionan en la fuerza laboral, con pequeñas o nulas oportunidades de estudio e inmersos en la dinámica propia del mercado. Al mismo tiempo en esas mismas ciudades, se encuentran otros grupos de muchachos y muchachas históricamente radicados, con otras condiciones y miradas sobre la sociedad.

Esas tipologías desde sus respectivos escenarios construirán metas y sueños. La constante y cada vez más amplia brecha social, la incrustación en Colombia del narcotráfico y el incremento del conflicto interno armado, hará que grupos de jóvenes luchen para evitar ser estigmatizados de sicarios, delincuentes y prostitutas. Serán los universitarios con su accionar político y algunos programas estatales los que evitan convertir como norma, que llegar a la mayoría de edad (18 años) con vida en este país es un triunfo.

Quintero (2005) registra los esfuerzos que el Estado realizó a fin de diezmar la participación de jóvenes en actividades ilegales impulsadas por sus precarias condiciones de vida en esa época. También muestra cómo la década de los noventa ofreció un ambiente reformista político y social debido al proceso constituyente y apertura económica, sin embargo no fue suficiente: el conflicto social no fue superado como se esperaba que sucediera después de haber formulado la nueva Constitución; esto se ve reflejado en la leve disminución de la pobreza, en el estancamiento del mejoramiento de las condiciones de vida, en la caída del ingreso real, en el crecimiento de la informalidad y el desempleo en los adultos jóvenes, así como en el incremento de la violencia y la delincuencia urbana y en el aumento en las tasas de fecundidad y de la deserción escolar (Abad, 2002; Serrano, et al., 2003) (Quintero, 2005: 98).

En 1997 se promulga la Ley de la Juventud, la cual además de reconocer su existencia como sujeto social, le otorga el ejercicio pleno y solidario como ciudadanos responsable y transformador de la sociedad. Sin embargo, las buenas intenciones de la normatividad colombiana deberán caminar de la mano con el neoliberalismo, un modelo económico no propiamente social, ni equitativo, donde el joven es un objeto que llama su atención pues lo considera uno de sus potenciales clientes y orienta estrategias publicitarias para cautivarlo.

Dicha situación, asegura Quintero (2005: 99), incide directamente en agrupaciones juveniles de las grandes ciudades constituidas fuertemente a partir del consumo de músicas, objetos y signos producidos y distribuidos por las industrias culturales. En consecuencia, aparece la imagen del joven como diverso debido a la especial atención que se pone en las dinámicas grupales e individuales estéticamente diferenciadas y articuladas a los signos y mercancías que determina e impone el mercado.

En resumen, los jóvenes son seres sociales que van más allá de un rango de edad (Reguillo, 2000), que su presencia y existencia en la sociedad no puede estar mediada por representaciones sesgadas y establecidas en las categorías de buenos y malos, que existen desde lo jurídico-político, con un lugar en la sociedad, que tienen necesidades y demandan unas prácticas y discursos que el mercado elabora sobre y para ellos.

4. Jóvenes del oriente de Colombia

La zona oriente de Colombia tiene una multiplicidad de riquezas, oportunidades y limitaciones, producto de inequidad, indiferencia del Estado y de haberse convertido a lo largo de más de cinco décadas en territorio de tránsito o asentamiento de grupos guerrilleros FARC y ELN. Así como de grupos de narcotráfico y paramilitares, que se transformaron posteriormente en bandas criminales, como el Bacrim.

Las paradojas siguen. La región se reconoce por su potencialidad en la extracción minera, cerámica, industria del calzado y ropa infantil. Se tiene una extensión de 700 kilómetros de frontera con Venezuela y sus expresiones culturales e históricas hacen que esta zona se caracterice por su jerarquía y forma directa de afrontar sus dificultades. Sin embargo, los ejercicios democráticos relacionados con sus gobernantes departamentales y locales han sido fallidos. En la última década más de tres alcaldes de la zona y un número que supera los diez concejales han sido destituidos por deficientes manejos de los dineros públicos.

La población de los dos departamentos, según el Departamento Nacional de Estadística, DANE (2017) supera los 3.460.000 habitantes, que representan el 7,36 % de la población de Colombia. El potencial electoral para los pasados comicios de octubre de 2016 (Plebiscito para refrendar acuerdos de paz) fue de 2.782.867 ciudadanos aptos para votar. La abstención en promedio de los dos departamentos o provincias fue del 58% (Santander: 56,32%; Norte: 59,69%).

Su población joven (18 a 26 años) se concentra en tres actividades: estudia, trabaja o cesante. Las oportunidades para superar los niveles de bachiller a profesional por parte de sector público se limitan a cuatro universidades. En ocasiones no ingresan a ningún tipo de educación técnica o tecnológica y dedican su tiempo a la búsqueda de cualquier tipo de trabajo u oficio. Estudios locales no muestran cifras concretas sobre su participación en delincuencia común, pero se registra en medios locales la vinculación de algunos de ellos en bandas de delincuencia común y micro-tráfico.

En lo relacionado a las TIC, la zona registra una importante cobertura y el Ministerio Nacional de Tecnologías de la Información y Comunicación, MINTIC (2016), registra que el departamento de Norte tiene 124.096 suscriptores a Internet de banda ancha y angosta, mientras que en Santander llega a 309.714, es decir, un 40% más que en la zona fronteriza.

5. Proceso metodológico

Como se anunció al inicio de este capítulo, la presente investigación se encuentra en proceso. Se ubica en el campo de la investigación cualitativa pues busca conocer y hacer con los jóvenes de la región, lecturas sobre su actuar en lo político, tanto en lo electoral, como lo ideológico y establecer los condicionantes sociales que intervienen en sus procesos políticos y electorales.

Esta investigación tiene sus raíces en la ciencia política y hace énfasis en la opinión pública, esto implica una búsqueda de respuestas humanas. Por eso necesita de una perspectiva investigativa en la que prevalezca lo dialógico, creencias, prejuicios, sentimientos y percepciones como puntos fundamentales para producir conocimiento sobre la realidad social.

En coherencia con lo que se busca responder, el proceso supera el hecho de explorar o describir, porque implica indagar sobre el por qué un grupo de jóvenes votantes de dos zonas de Colombia, llevan un tipo de comportamiento al momento de involucrase en procesos que requieren mayor compromiso y sustentación de las decisiones a tomar, en el ámbito político, y cómo se consolida la forma ideológica con sus círculos sociales, los *mass media* y las redes sociales.

De igual manera se buscan las relaciones entre la información orientada a la participación política, decisión de voto y acompañamiento o rechazo a partidos y movimientos políticos; cómo las defienden, asumen, aprueban y justifican. Asimismo, se pretende consultar qué circunstancias personales o sociales, entre ellos las redes sociales, influyen en la decisión que toman y en qué grado.

Con respecto al enfoque de la investigación, este se ubica desde los Macromoldes y Micromoldes de Losada y Casas (2010). Las técnicas a utilizar serán las entrevistas y los *focus groups*; la muestra estuvo conformada por sujetos (hombre- mujer) de entre 18 a 26 años, de diferentes regiones del oriente colombiano (Cúcuta, Ocaña, Bucaramanga, Barrancabermeja y San Gil) vinculadas y activas en redes sociales, consumidores de medios masivos e interesados en participar de manera voluntaria en este tipo de actividades.

El proyecto se desarrolló en tres fases y cada una de ellas busca cumplir con los objetivos trazados. Tal es así que con la etapa de exploración conceptual se identificarán los mecanismos de participación política de mayor recurrencia por parte de los jóvenes de Santander y Norte y se irán definiendo a partir de datos estadísticos las redes sociales y *mass media* de mayor acceso y consumo del grupo de estudio.

En la fase de recolección de información y análisis se logró comparar desde los jóvenes de ambas zonas, sus reflexiones sobre las informaciones que circulan por las redes sociales y *mass media* relacionadas con acciones políticas y de quien(es) provienen.

En esa misma fase se pretendió conocer los condicionantes sociales que intervienen para que ellos se involucren en procesos de participación política y electoral.

Para la tercera fase se establecieron lineamientos que permitieron comprender el actuar de los jóvenes de la región, con respecto a sus decisiones de participación política y electoral, y desde allí señalar algunas pautas que sirvan para formular políticas públicas a jóvenes utilizando como herramienta los *mass media* y las redes sociales.

6. Conclusiones

En principio, las conclusiones del estudio atienden a tres variables de análisis: actividades diarias y uso del tiempo libre, condicionantes de primer orden (familia, amigos, profesores) y condicionantes indirectos (medios masivos y redes sociales) Alvarado, S. & Vommaro, P. (2010) y Bohórquez-Pereira, G. (2015).

Con respecto a la vida diaria, los jóvenes afirman hacer las actividades de rutina, sin embargo, existe un bajo nivel de consumo de los medios tradicionales de información como la radio, la prensa y la televisión. No obstante, existe un consumo en aumento de las redes sociales con propósitos de relacionamiento e informativos. Este consumo de las redes sociales es constante, tanto los días entre semana, como los fines de semana. Lo anterior implica que se ha convertido en un hábito de rutina, tanto así que ya es 'normal' estar conectado la mayoría de tiempo: "tener Facebook es una necesidad actual" (Entrevista 2, 19 años)

La familia se traslada a un papel un poco más inferior. Sigue siendo el eje en el que se mueven las opiniones de los jóvenes, pero el espacio de tiempo compartido es poco, algunos concuerdan que el tiempo junto son las comidas: desayuno, almuerzo y comida, a veces. Lo político es un tema "pesado, polémico", para la familia los temas giran en torno a la propia familia; quienes proponen los temas varían desde el padre, los hijos o hasta el televisor: "el noticiero es un ritual en la comida", "lo que explote en los medios" (entrevista 5, 24 años). La posición en la familia influye, no tanto por la edad, sino por su contacto con las noticias de actualidad. Son en muchos casos los jóvenes los que proponen los temas políticos 'en la mesa'.

En muchos casos los jóvenes inician el tema político con comentarios que se ponen en noticia en el día, o algún familiar que tenga contacto con la parte política, siendo a veces poco lo que se habla sobre temas políticos. Los temas que tocan dentro de este son la corrupción, administraciones públicas, personajes políticos además de que el contexto en el que se encuentra la región influye mucho, se habla sobre lo local (Cúcuta, la frontera y Chávez). La actitud de los jóvenes en estos temas es a la defensiva, con lo que consultan en sus redes argumentan y sostienen.

La familia ya no es una influencia en el momento de tomar decisiones políticas u opiniones. La mayoría de los entrevistados afirmaban no tener las mismas ideas que sus padres en el ámbito político, pero eso los motiva más a dar sus comentarios, para generar debate (en algunos casos). Sobre lo político, aparte de hacer comentarios para debatir con la familia, hablan con sus amigos; los que más se interesen por temas políticos, muy pocos se consideran apáticos con los temas políticos, pero muchos de ellos tampoco afirmaron ser activos, no creían que hicieran algo realmente relevante con la información consumida de política.

Coinciden en que la red social con mayor ideología política es Twitter, debido a su condensación en los caracteres. La cantidad de información inmediata y la baja censura, los temas que reciben son muy variados desde la educación hasta de historia, debido a la amplia cobertura de información que tienen las redes sociales. Muchos jóvenes no consumen tantos medios tradicionales, pero sí siguen a ese medio en la parte digital.

El contenido que más circula (memes, *Gif* y vídeos) ofrece momentos y atrae por lo cortos y explícitos que pueden ser, los temas más recientes para ellos son casos de corrupción y política partidista. Los jóvenes dejan ver que si bien las redes sociales no son los mayores influenciadores en la toma de decisiones políticas, sí son protagonistas en este tema: la mayoría de jóvenes lee (algunos solo por encima) pero no contrasta, dan *like* pero lo piensan mucho para compartir a menos que sea algo que de verdad les guste.

Aunque declaran ser usuarios y seguir movimientos políticos en redes digitales, no son activistas en la vida real, el activismo digital es común pero la movilización social no está siendo efectiva, la participación política se ve en el reflejo de sus opiniones sacadas de lo que leen o miran en sus redes sociales: "la gente cree que soy muy ingeniosas, pero en realidad soy un banco de tweets" (Laura; 19 años). Con estas informaciones ellos generan sus posturas.

El concepto de participación política es plural, pero algunas de las características en las que concuerdan los entrevistados es en el ejercicio de la creación de ciudadanos, en la generación de conciencia y en garantizar los derechos, todos reconocen el voto como mecanismo de participación, pero no tienen claros otros, no saben las formas de participar con la institucionalidad.

En la decisión de voto la mayoría explica que es algo privado, pero se siente la influencia de las redes sociales y los amigos con los que comparten opiniones. Casi siempre se trata de personas que representen una autoridad en los temas, para soluciones ofrecen mejorar aspectos como la confianza de la sociedad para con los jóvenes además de la independencia política, no creen en la institucionalidad (algunos) y que los contenidos en las redes tengan temas con humor y sátira para atraer a los jóvenes.

Aunque es apresurado afirmarlo de manera categórica, el estudio en su ejercicio comparativo se reduce a los tiempos de uso y actividades con las redes sociales, al igual que a los contenidos que circulan en una y otra región, en particular con líderes políticos y de opinión que se registran. Mientras en la zona más cercana a Venezuela, las críticas al presidente Maduro y su gobierno, son diarias y constantes, los mensajes de aprobación o rechazo a mandatarios y ex mandatarios de Colombia se evidencian más en la zona de Bucaramanga y su área metropolitana.

Con respecto a cómo llegar a estos grupos, con información que oriente o marque tendencia a seguir o leer más sobre lo político electoral, las primeras sugerencias generadas de las entrevistas desarrolladas en San Gil, Cúcuta Bucaramanga y el grupo focal, realizado en Cúcuta, nos dice que la utilización de múltiples lenguajes, concreción en lo que se dice, motivador y atractivo en lo visual, son pautas que no pueden descuidarse al momento de producción de material para los jóvenes.

Se hace necesario, de acuerdo a lo señalado por los participantes, ubicar contenidos para tres segmentos de la población. Aseguran que los jóvenes de 18 a 20 años, no hacen, ni toman decisiones en este ámbito que uno de 21 a 23 o 23 a 25 años. Estos últimos están en otras discusiones, sus círculos sociales son más amplios y la actividad laboral o educación que esté realizando hace que sus decisiones entren en el mundo de la razón más que de la emoción.

Hasta el momento las sugerencias son más del orden formal y estético. Se tendrá que profundizar con lo recolectado en puntos dirigidos a cómo lograr mantener el interés por el tema y cómo también se requieren elementos complementarios que estén de manera constante en el intervenir y accionar de los jóvenes en su contexto, esto es, que desde varias direcciones reciban información que les permita elaborar criterios e incorporarlos en su tarea diaria como ciudadanos y no momentánea o surgida por apasionamientos de semanas de una campaña para luego sucumbir en el oscuro olvido.

Morozov (2012: 363) insinúa que Internet a diferencia de los demás medios, es impredecible y en lo político más debido a las decisiones que toma un planificador político, sino todos los que quieren mantener su curul o silla, como los que aspiran a alcanzarla. "Lo mejor que pueden hacer los diseñadores de políticas es comprender por qué tanta gente los malinterpreta tan a menudo y después tratar de crear mecanismos y procedimientos que se encarguen de eliminar el exceso de bombo y platillo durante el proceso de toma de decisiones".

7. Referencias bibliográficas

Álvarez, R.; Granados, M. & Hernández. F. (2013). Actitudes hacia la política en estudiantes universitarios, sus correlaciones con la edad, el estrato socioeconómico y el nivel educativo, y diferencias según el género en la ciudad de Bucaramanga (Colombia). *Reflexión política*, 15(29), 120-138.

Anduiza, E., & Bosch, A. (2004). *Comportamiento Político y Electoral*. Barcelona: Editorial Ariel.

Balardini, S. (2000). La participación social y política de los jóvenes en el horizonte del nuevo siglo. En publicación: La participación social y política de los jóvenes en el horizonte del nuevo siglo.

Sergio Balardini. CLACSO, Consejo Latinoamericano de Ciencias Sociales, Ciudad Autónoma de Buenos Aires, Argentina.

Barnidge, M.; Macafee, T. & Rogers, A. (2011). Disposiciones ciudadanas y participación política. En C.C. Rojas, H.; Orozco, M.; Gil de Zúñiga, H.; Wojcieszak, M. (Eds). *Comunicación y Ciudadanía*. Bogotá: Editorial Kimpres.

Berganza, M., & García M. (2005). El método científico aplicado a la investigación en Comunicación Mediática. En M. Berganza (Ed.), Investigar en Comunicación. Guía práctica de métodos y técnicas de investigación Social en Comunicación (pp. 19-42). Madrid: McGraw Hill.

Bermúdez, E. (2010). "Los jóvenes en Venezuela: subjetividades, mediaciones tecnológicas y consumo cultural".

Bohórquez-Pereira., G. (2015). Jóvenes y voto desde la socialización primaria y secundaria en valores políticos. Un estudio local colombiano. En *Analecta Política. Revista de Ciencias Políticas y Relaciones Internacionales*. Vol.5. No.8. Enero-junio, Universidad Pontificia Bolivariana, UPB., Medellín, Colombia. Pp.117-141

Bonelly., R. (2011). *La Huella social. Cómo los usuarios tomaron control de internet*. Caracas: Editorial CEC, S.A.

Caldevilla Domínguez, D. (2009). *Democracia 2.0: La política se introduce en las redes sociales*. Pensar la Publicidad, III (2).

Cardona, Patiño, Silva y Vieco. (2013). Estado actual de la producción científica de los grupos de investigación en Ciencia Política y de las revistas en el país, 2002-2011. De: La ciencia política en Colombia: ¿una disciplina en institucionalización? Leyva. S., Muñoz., P. Medellín, Colombia. Colciencias, Asociación Colombiana de Ciencia Política, Centro de Análisis Político - Universidad Eafit.

Caro., A. (2015). El Mall como mecanismo de aculturación. Alternativas. Revista de Estudios Latinoamericanos. Cultura popular en América Latina., primavera No.4. http://alternativas.osu.edu/en/issues/spring-4-2015/essays/caro.html p.p. 1-21.

Castells, M. (2009). *Comunicación y Poder*. Madrid: Alianza Editorial.

Castells, M. (2012). *Redes de indignación y esperanza*. Madrid: Alianza Editorial.

Durán, S. C. A. (2015). Aspectos interventores en la participación política y electoral de jóvenes. Una reflexión sobre la información, interacción y difusión de contenidos en redes sociales para futuras investigaciones en Santander. Desafíos 27(1), 47-81. doi: dx.doi.org/10.12804/desafios27.01.2015.02.

E., Morozov. (2012). *El desengaño de internet. Los mitos de la libertad en la red*. Barcelona: Ediciones Destinos.

Escobar. C., M. (2009). Jóvenes: cuerpos significados, sujetos estudiados. Nómadas (Col), Universidad Central Bogotá, Colombia núm. 30, abril, 2009, pp. 104-117.

Feixa C. (2014). *De la Generación @ a la # Generación. La juventud en la era digital*. Biblioteca de infancia. Ned. Barcelona, España.

García-Canclini. N., Cruces., F., Castro., P. Maritza (2012). De la cultura postindustrial a las estrategias de los jóvenes. En Jóvenes, culturas urbanas y redes digitales. Coordinadores. Ariel y Fundación Telefónica. Madrid, España.

Ospina. O. (2013). Una mirada a la juventud colombiana en el siglo XXI. Portal Colombia digital. (On line). http://colombiadigital.net/opinion/columnistas/conexion/item/4947-una-mirada-a-la-juventud-colombiana-en-el-siglo-xxi.html

Quintero., T., F. (2005). De jóvenes y juventud. Nómadas (Col), núm. 23, octubre, pp. 94 -102 Universidad Central Bogotá, Colombia.

Reguillo, R. (2000). Emergencias de culturas juveniles. Enciclopedia Latinoamericana de Sociocultural y Comunicación. Bogotá: Editorial Norma.

Santillán., E., González. E. (2016). Nociones de juventud: aproximaciones teóricas desde las ciencias sociales. Época II - Vol. IV - Núm. 1 / enero-junio. pp. 113-136.

CAPÍTULO IV

LA PERSPECTIVA TRIC EN LA ENSEÑANZA DEL PERIODISMO. APLICACIONES DIDÁCTICAS Y APRENDIZAJE PARA EL EMPODERAMIENTO

Antonia Isabel Nogales-Bocio
Universidad de Zaragoza

Resumen

Este capítulo plantea una revisión teórico-práctica acerca del concepto de Tecnologías de la Relación, Información y Comunicación (TRIC) y su propuesta de revisión, superación y desmitificación del tradicional concepto de TIC, Tecnologías de la Información y la Comunicación. Los profesores de la Universidad de Zaragoza José Antonio Gabelas y Carmen Marta Lazo, la profesora de la UNED Elisa Hergueta y el profesor de la Universitat Oberta de Catalunya Dani Aranda alumbraron este término a comienzos de 2012 y desde entonces son diversas las iniciativas que han procurado promoverlo, proyectarlo y fomentar el trabajo colaborativo que constituye su esencia. En este sentido, se han puesto en marcha los blogs Habitaciones de cristal y Sinapsisele, la web del Laboratorio TricLab (http://educarencomunicacion.com/triclab/) y la plataforma digital Entremedios del Grado en Periodismo de la Universidad de Zaragoza (http://periodismo.unizar.es/).

El término TRIC surge en defensa de un entorno virtual que promueva la comunicación horizontal y la educomunicación (entendida como alfabetización mediática plena, real y contextualizada) para configurar modelos educativos basados en la construcción conjunta de la inteligencia colectiva y en la concepción del internauta como copartícipe en el escenario digital de la web 2.0. Es en esta configuración proactiva donde se enmarca el concepto de "humanismo digital", entendido como aprendizaje para la vida.

Palabras clave

TRIC, educomunicación, alfabetización mediática, humanismo digital, periodismo.

1. Introducción

El desfase que se produce en estos momentos entre los métodos docentes —de cualquier nivel educativo, desde la infancia hasta la educación superior— y la sociedad en general se deja notar especialmente en la diferencia notable entre las prácticas digitales de los menores y sus verdaderas competencias mediáticas. En este sentido, el debate acerca de las tecnologías de la información y la comunicación (TIC) ha quedado en gran medida obsoleto; no así el relativo a las aplicaciones tecnológicas a la docencia. Sigue reinando el debate en torno a los usos positivos y perniciosos de la tecnología en todas sus dimensiones. En esta diatriba resulta interesante retrotraernos a los planteamientos teóricos del desarrollismo tecnológico desde la óptica americana, la cual partía del supuesto de que la implementación tecnológica sería suficiente para fomentar el desarrollo comunicativo y social. En España, bajo la inspiración del plan de Negroponte, *One laptop per child*, que desarrolló ordenadores portátiles de 100 dólares para proporcionar a niños en paises en desarrollo de acceso y conocimiento a las tecnologías de la información como formas modernas de educación, se tomaron medidas en 2009. Bajo la segunda legislatura de José Luis Rodríguez Zapatero, el objetivo final del nuevo plan del gobierno era que cada alumno de primaria dispusiera de un ordenador personal, portátil, para sustituir el cuaderno y los libros. Se buscaba así revolucionar el sistema educativo de nuestro país. El proyecto de gran envergadura implicaba a toda la industria, tanto la informática (Intel, y Microsoft), como la banca (Banesto), las operadoras de telecomunicaciones (Vodafone) y la financiación mixta entre el gobierno nacional y el de las comunidades autónomas.

Este tipo de iniciativas ilustran cómo buena parte de la implementación tecnológica se consideró durante años suficiente para fomentar las competencias digitales. En el presente capítulo partimos de un posicionamiento contrario, que niega la capacidad de la tecnología por sí misma para constituir desarrollo si este no pasa por un proceso procomún de inteligencia colectiva y por una reflexividad tanto ontológica como deontológica.

En este ejercicio de reflexión es preciso trascender lo meramente tecnológico, el continente, la herramienta, y ocuparse del contenido y de los distintos agentes sociales implicados: familias, alumnado, profesorado, periodistas, medios de comunicación, etc. Los mitos y las ideas contradictorias que existen en torno al discurso de las TIC impiden en muchas ocasiones realizar una exploración pormenorizada del concepto. No en vano, son numerosos los investigadores que han detectado hasta el momento que, partiendo del contexto actual, este se encuentra incompleto. El componente metareflexivo vendría dado por la introducción del Factor R-elacional, la R que se incorpora a las siglas TIC y pasa a situarse en su interior.

Son numerosas las investigaciones en el ámbito de la pedagogía y la educomunicación que han constatado las destrezas que poseen los menores asociadas a las redes sociales, el software y los videojuegos, que no han aprendido en el aula, sino en su ocio digital, con los amigos y compañeros. Se trata, como puede comprobarse, de espacios abiertos de juego, interacción y desenfado, en los que los futuros adultos van generando habilidades para la vida, esto es, capacidades para sentir y emocionarse, socializarse y conocer (Gabelas, Marta y Aranda, 2012).

Desde esa óptica, los docentes procuramos incorporar este tipo de destrezas a nuestra labor en el aula. En este sentido, el presente capitulo pretende articular el basamento científico de carácter teórico acerca del propio planteamiento metodológico y sus derivaciones, así como presentar las diferentes iniciativas prácticas para su aplicación didáctica en el entorno concreto del Grado en Periodismo de la Universidad de Zaragoza.

2. ¿Por qué TRIC y no TIC?

El entorno de prácticas culturales y digitales que experimentan los menores en los entornos tecnológicos, podemos describirlo como TRIC (tecnologías + relación + información + comunicación), que contiene otro concepto y otro enfoque de la educación para los medios y de la comunicación para la educación (Gabelas, Marta y Aranda, 2012).

Son numerosos los autores que defienden que la interacción a través de las redes sociales genera espacios estables y lazos de confianza que facilitan el intercambio. Las redes sociales, por lo general, aportan espacios de interacción en los que compartir nuestras experiencias y que con frecuencia generan empatía o inteligencia interpersonal, según se pone de manifiesto en los estudios de Gardner (1995) y su teoría de las inteligencias múltiples. En su obra, el investigador de la Universidad de Harvard defiende que no existe una única inteligencia sino que cada persona posee al menos ocho inteligencias: lingüística, lógico-matemática, cinético-corporal, musical, espacial, naturalista, interpersonal e intrapersonal. Para Gardner, la enseñanza debe ser un proceso de estimulación de cada una de las inteligencias de la persona. Una de sus contribuciones más destacables es el modelo de "escuela inteligente", basada en el aprendizaje como una consecuencia del acto de pensar y el aprendizaje como comprensión profunda que involucre el uso flexible y activo del conocimiento. Esa es la corriente de pensamiento en la que se inserta el planteamiento de lo TRIC.

La capacidad de empoderamiento en el caso de los jóvenes se ve activada al contacto con el mundo digital, los videojuegos y los perfiles y comunidades en redes sociales. Al entrar en contacto con las destrezas tecnológicas que implica el uso de estas herramientas, surgen espacios de afinidad, apropiación de conocimientos y participación comunitaria. Esta idea nos permite trasladar el enfoque de las inteligencias múltiples a la inteligencia colectiva, en tanto que colaboración y desempeño colectivo de muchos individuos.

Esta visión también se ampara en el clásico teorema del sistema complejo del sociólogo francés Edgar Morin, pues según su premisa el todo acaba siendo más que la suma individual de sus partes. Surge un plus significante de la propia suma de los activos de conocimiento, una inteligencia colectiva superior a las sesgadas individualidades.

Las propias redes se han convertido en un mapa nodal integrador de diferentes tipos de mediación, que se suman a los escenarios presenciales, representados por los contextos de pertenencia (familia, escuela y grupo de iguales) y a los de referencia, donde se sitúan los propios medios de comunicación y espacios nuevo-tecnológicos (Gabelas, Marta y Aranda, 2012). En un contexto tan complejo como el de las mediaciones 3.0, indudablemente convergen retos y oportunidades con amenazas y peligros. Para poder afrontar las debilidades que se producen en el entorno digital, la competencia audiovisual resulta clave para no naufragar en el mar de la infoxicación. Solo así es posible acometer un uso responsable en aras de la cultura participativa y el aprendizaje colaborativo. Colaboración es interacción, puesta en común, relación. De ahí la necesidad de incorporar el Factor Relacional a la conceptualización de las tecnologías de la información y la comunicación.

El concepto TRIC supera el mero determinismo tecnológico, el término Relación encaballa todo el potencial de la multialfabetización que se produce en las interacciones en el plano de la creación y en la dimensión de recepción en el caso de cada uno de los productores de contenido. La mediación tecnológica, por lo tanto, no es suficiente y precisa ser repensada desde un punto de vista multifuncional y humano.

3. Primeras iniciativas para fomentar la perspectiva TRIC

Con la pretensión de aterrizar el planteamiento TRIC desde el punto de vista académico y compartir con la comunidad *online* numerosas experiencias prácticas, a lo largo de los años se han ido poniendo en marcha iniciativas de reflexión y visibilización. A continuación, repasaremos las pioneras en este terreno.

A comienzos de 2008 nace con este propósito el blog "Habitaciones de cristal" (http://educarencomunicacion.com/), que presenta la siguiente configuración:

- Inicio: espacio para la colocación de editoriales y artículos para la reflexión por parte de los autores, educadores y firmas invitadas.

- Cre-Acciones: esta sección, germen claro de la futura plataforma Entremedios, constituye el lugar para insertar prácticas audiovisuales destacadas de los alumnos del Grado en Periodismo de la Universidad de Zaragoza. Conviene mencionar aquí que 2008, año de nacimiento del blog, es también el año en el que comienzan su andadura los estudios de comunicación en la Universidad pública aragonesa.

- Entrevistas: espacio para incorporar tanto entrevistas en formato audiovisual como impreso a firmas de prestigio en materia de estudios de educomunicación.

- Estudios recientes: en esta sección se ofrece acceso directo a una selección de investigaciones, informes y estudios que abordan el campo de la comunicación digital y la educación.

- Investiga-Acción. Publicaciones: se ofrecen menciones y reseñas a la bibliografía de actualidad en relación a los temas que son materia de discusión en el blog.

- Prácticas Comunicación Digital: en el scoop.it se recogen las diferentes prácticas que complementan el trabajo de la plataforma, reflexión e interacciones. Revistas digitales, videoanimaciones, podcast, congresos, portfolios y un largo etcétera componen esta galería de acciones. Se incorporan además los trabajos de los alumnos de la primera promoción del Máster Redes Sociales y Aprendizajes UNED (2011-2012).

- Quiénes somos: identidad corporativa del blog.

En enero de 2018, uno de los editoriales del blog concluye así: "desde ahora estaremos pensando, escribiendo y conversando en TRICLab, creemos en esa utopía posible llamada educación y os invitamos a continuar participando con nosotros en este proyecto". Podemos comprobar así la intención de movilizar a la audiencia del blog hacia la web del Laboratorio TRICLab.

La siguiente iniciativa en la que conviene detenerse es el blog "Sinapsisele" (http://sinapsisele.blogspot.com.es/). Se trata de un espacio de reflexión sobre la enseñanza y el aprendizaje en la era digital. El 8 de noviembre de 2010 comienza la actividad de este blog que anteriormente se alojaba en la plataforma Edublogs y ahora pasa a hacerlo en Blogspot. El mensaje inicial de la profesora Elisa Hergueta es toda una declaración de intenciones:

> Bienvenidos a este espacio que por motivos técnicos ha cambiado de lugar. Ha sido creado para aprender, buscar, encontrar, construir, compartir, comentar, crear, reflexionar y desarrollar cualquier actividad que me permita, a mí y a los que me acompañen en este proceso, adquirir y mejorar mis conocimientos sobre la enseñanza y el aprendizaje del español como lengua extranjera en general, y en particular sobre los recursos que la red nos ofrece para las clases y sobre cómo usarlos de manera efectiva.

Desde entonces, 62 entradas figuran en su archivo de históricos relacionadas con la investigación en comunicación. La más reciente de ellas bajo la firma del profesor Agustín García Matilla: "#FactorRelacional. Integración de competencias mediáticas". El blog integra además el desarrollo de numerosos proyectos integradores, tales como: "Herramientas 2.0", "Comunicación digital", "Proyecto #TRICLab", "Prácticas #eduned20 #MasterRedesUNED", "Poder y Control en las redes", "ELE en Redes Sociales", "Actividades ELE 2.0", "Redes sociales" y "Curación de contenidos".

La última parada en este repaso por las primeras iniciativas *online* de la perspectiva TRIC es la web del Proyecto TricLab (http://educarencomunicacion.com/triclab/). En ella podemos encontrar la expresión más certera de las Tecnologías de la Relación, la Información y la Comunicación. Se trara de todo un espacio de experimentación que se plantea los siguientes objetivos de partida:

- Propone un "lugar" y un "tiempo" relacional abierto y colaborativo. Con un código y programas también abiertos y accesibles para todos. Crítico y creativo.

- Facilita el empoderamiento del entorno digital y provoca una revisión del discurso TIC en la escuela y en la comunicación.

- Potencia conexiones, redes, afinidades desde los procesos de creación y experimentación, que investigue por qué y cómo están cambiando nuestros hábitos de convivencia, conversación, aprendizajes y conocimiento.

- Convoca en la estética y lo artístico e invita a construir un discurso en el que el mensaje y la forman son también entorno. Con un carácter experimental. Un laboratorio social, de ideas, emociones y prácticas. Educomunicativo.

Para lograr estos objetivos, distribuye sus contenidos entre las siguientes secciones:

- ¿Qué es TRICLab?: la filosofía del proyecto y las entradas históricas forman parte de esta sección.

- (Hiper)blog: un espacio en el que se reseñan blogs de interés, un lugar de acogida para todos aquellos blogs o sitios que existen y responden a la filosofía del proyecto.

- Diálog(ic)o: este espacio es la entrada a todas aquellas conversaciones de interés para las TRIC. Desde él se puede acceder a los diferentes diálogos comenzados y en desarrollo tanto en la página de TRICLab como en otros espacios web y que giran en torno a temáticas afines.

- Espacio (E)x(periencias): aquí pueden encontrarse, dentro de la plena filosofía TRIC, enlaces a prácticas y proyectos de educomunicación llevados a cabo por alumnos de diferentes niveles formativos.

- IntraTRIC: espacio para los contenidos propios por los participantes de TRICLab. Se generan contenidos de naturaleza mediática (textos, audiovisuales, webs, etc.) que a su vez generan conversaciones.

- InteRmetodología: este espacio se reserva para entradas relacionadas con el planteamiento interdisciplinario que cimenta el basamento metodológico de lo TRIC.

4. Lo TRIC en la enseñanza del periodismo. A por la formación de calidad por encima del continente

Como ya se ha dicho, la inteligencia colectiva surge de la colaboración y el desempeño conjunto de muchos. Es, por así decirlo, un bien comunitario. Lo mismo ocurre con el periodismo. Los emisores necesitamos de la ciudadanía para crear el producto informativo pues es indispensable interrogarla acerca de sus demandas, inquietudes y necesidades, y esforzarnos para responder a ellas con nuestro trabajo. Para satisfacer adecuadamente este derecho ciudadano fundamental, los medios deben respetar la deontología profesional. Hoy en día, ese planteamiento excede los límites periodísticos y se contagia del sentir de la sociedad. Ejemplo de ello son iniciativas como la reciente Declaración por la independencia y democratización de RTVE, impulsada por varias organizaciones y a la que cada persona que lo desee puede adherirse en la web. Este tipo de proyectos generan cambios y esos cambios son hoy más que nunca colectivos en el seno de una tarea como la periodística que ya es, en esencia, procomún.

La responsable de la sección Nacional del diario *El País* en los años noventa, Mariló Ruiz de Elvira, escribió en 1994 que la misión de los informadores era "desbrozar el laberinto de declaraciones que a diario pugnan por abrirse paso en nuestras páginas para ofrecer al lector, de forma concisa y en su contexto, tan sólo aquello que consideremos sustancial". En aquella ocasión, la periodista Soledad Gallego-Díaz recogía sus palabras en un artículo de opinión que titulaba "Periodismo de declaraciones" y que hoy podemos releer en la versión digital del periódico[22]. En él nos ofrecía un dato escalofriante: la sección de Economía del diario del grupo PRISA contaba entre las delegaciones de Madrid y Barcelona con 14 redactores, mientras que tan solo los cinco principales bancos de España tenían más de 15 periodistas encargados de atenderlos. Esta desavenencia numérica nos alerta de que, ya entonces, existía bastante más oferta que demanda informativa.

---

[22] Disponible en: https://elpais.com/diario/1994/07/03/opinion/773186402_850215.html

Cuando las afirmaciones de alguien son convertidas sistemáticamente en noticia, esto se conoce como periodismo de declaraciones o periodismo declarativo. Este modelo se basa en reproducir literalmente lo expresado por figuras públicas para completar hechos noticiosos o para crear con ellas titulares llamativos. De este modo, el hecho deja paso al dicho. Desde la docencia del periodismo radiofónico, por ejemplo, traducimos este fenómeno como el abuso de "palabras/acciones vacías", tales como "decir", "afirmar", "comentar", "explicar" o "indicar". Este tipo de verbos de dicción se convierten en el centro de los titulares, así como en el hecho noticioso en sí que justifica un despliegue informativo costoso y una cobertura mediática elevada. Otros verbos de este corte, aunque algo más incisivos, serían los del tipo: "admitir", "asegurar" o "confirmar". Bajo este paraguas léxico se amparan muchas de las informaciones que consumimos hoy en día. Baste un ejemplo: el 18 de septiembre de 2013, el diario digital chileno *El Mostrador* publicaba una noticia titulada: "El ministro de vivienda dice no saber si se alcanzará el 100% de la reconstrucción antes del término del mandato de Piñera"[23]. No solo se emplea como verbo clave en el titular la idea de dicción, sino que además esta se expresa en negativo y plantea un desconocimiento por parte del actor principal del hecho noticioso. Podríamos decir que estamos ante la no noticia.

Aunque esta es una tendencia más recurrente en el periodismo político, otras especializaciones periodísticas la han abrazado con fervor. Es el caso del periodismo de sociedad (también llamado "crónica social") o del deportivo.

El 27 de febrero de 2017, el deportivo español *As* publicaba: "Lopetegui dice que Israel está a un punto: «No será fácil...»"[24]. Es una tendencia al alza, como vemos, en la cobertura deportiva. No en vano se trata de un ámbito informativo con una amplia demanda y un seguimiento fiel por parte del público.

Esta supremacía de las declaraciones ha experimentado otra dimensión con la entrada en escena de las redes sociales. En cuanto que altavoz y herramienta, estos nuevos cauces de comunicación multiplican la oferta de discursos y el acceso directo a las palabras del personaje, por lo que son a menudo fuente informativa citada:

---

[23] Disponible en: http://www.elmostrador.cl/noticias/pais/2013/09/18/ministro-de-vivienda-dice-no-saber-si-se-alcanzara-el-100-de-la-reconstruccion-antes-del-termino-del-mandato-de-pinera/?v=desktop

[24] Disponible en: https://as.com/futbol/2017/02/27/seleccion/1488200755_404308.html

"Piqué anuncia en un tuit la continuidad de Neymar: «Se queda»". Esto publicaba en su web la emisora Onda Cero (Atresmedia) el 23 de julio de 2017[25].

De algún modo, la posibilidad de conocer en tiempo real las opiniones y expresiones de los sujetos potencialmente noticiables ha simplificado la labor periodística convirtiendo, en ocasiones, al informador en mero relator de lo que otros han hecho ya público sin entrar a valorar la relevancia social de dicho contenido. Esta nueva rutinización profesional del periodismo viene además propiciada por las reducciones de plantilla en los medios de comunicación, así como por la falta de especialización en ciertas áreas —sobrevenida por esa misma merma en el número de profesionales— y la precariedad laboral en el sector informativo. Asimismo, en el relato mediático funciona especialmente bien el planteamiento del discurso dual en el que dos actores enfrentan sus pareceres a través de declaraciones contrapuestas. Es un modo de articular la agenda setting y presentar la información a través de dos vectores de confrontación; al igual que ocurre en la clásica estructura cinematográfica a partir de "buenos" y "malos".

En esta misma línea, es posible observar cómo la propia actividad de las redes sociales se ha convertido en foco de noticia. Podemos constatarlo, por ejemplo, en la información del diario catalán *El Periódico* sobre el mensaje de mayor impacto en Twitter en 2016, y que ha motivado la redacción de una noticia completa: "Un tuit de El Rubius, el más retuiteado del mundo este 2016"[26].

Ya sea por la oportunidad factible de acceso al foco de expresión de las fuentes o por la actividad que se genera en ellas, el periodismo de declaraciones vive una nueva ola de esplendor en el horizonte *online only*, en el que lo comentado se convierte en el motor. En este sentido, se hace muy necesario un replanteamiento profesional de la jerarquía informativa. Las voces son cada vez más numerosas (pues el altavoz es compartido y múltiple) e interactúan en tiempo real, por lo que se hace cada vez más necesaria la intercesión del criterio periodístico. En el entorno digital, desbrozar el laberinto de declaraciones que pugnan por abrirse paso del que hablaba Ruiz de Elvira se antoja más complicado que décadas atrás. En un panorama infoxicado y atiborrado de contenidos y estímulos, resulta fundamental restablecer la prioridad del hecho por encima del dicho y, de este modo, reivindicar el triunfo del mensaje sobre el mensajero.

---

[25] Disponible en: http://www.ondacero.es/deportes/pique-anuncia-tuit-continuidad-neymar-queda_2017072359750eca0cf213125c06173b.html
[26] Disponible en: http://www.elperiodico.com/es/extra/20161207/tuit-mas-retuiteado-2016-rubius-5676083

La apuesta por el factor R-elacional, entendido como la capacidad de poner en valor sinergias de acción, creación y discusión, permite la búsqueda exhaustiva y la producción de contenido de calidad. Poner los datos en contexto a través de la perspectiva TRIC es un buen punto de partida para hallar el criterio informativo necesario y superar la dimensión plana del periodismo declarativo. Podemos corroborar así la pertinencia del método TRIC en la enseñanza del periodismo, pues supone una superación de la dependencia tecnológica y una correlación de esfuerzos en busca de un contenido de calidad.

5. Aplicaciones prácticas

Periodismo, como grado de la Universidad de Zaragoza, es en sí mismo un espacio para la innovación y la experimentación. Así lo demuestra la orientación docente hacia el aprendizaje basado en proyectos que plantean estos estudios. Hay que recordar que la formación universitaria específica en comunicación en la Universidad pública aragonesa data del curso 2008/2009, por lo que en el curso académico próximo cumplirá su primera década. Esto ha permitido a su equipo fundador configurar unos estudios adaptados ya de inicio al Espacio Europeo de Educación Superior, a diferencia de aquellas entidades educativas en las que esta formación nació en las últimas décadas del siglo XX.

En este sentido, los universitarios aragoneses del área de Comunicación han valorado muy positivamente aquellos métodos de aprendizaje basados en la práctica. Así nos lo muestra la profesora de la Universidad San Jorge Nerea Vadillo (2010):

> Las competencias mejor valoradas se asientan en los métodos de aprendizaje en el aula tales como el aprendizaje colaborativo, en el que se prepara a los alumnos para saber trabajar en equipo; el aprendizaje basado en problemas, que se sustenta en que sepan aportar ideas y tener iniciativa; el aprendizaje basado en proyectos, que se ve reflejado en la capacidad para saber planificar y gestionar el tiempo y los recursos, entre otros aspectos de la práctica profesional.

Además de la inclusión de prácticas externas en los Planes de Estudio de las titulaciones, el Espacio Europeo de Educación Superior (EEES) garantiza que se incluyan una serie de habilidades y aptitudes que cada vez son más valoradas tanto por la sociedad como por los empleadores: actitud crítica hacia el conocimiento, interés por la calidad del propio trabajo, capacidad para trabajar en equipo, habilidades para trabajar en contextos multidisciplinares y transculturales, capacidad de síntesis, de organización y de transmisión del conocimiento, dominio en alto grado de la comunicación oral y escrita, defensa de la igualdad social y de género, etc. Dada su naturaleza, estas habilidades y actitudes (a las que técnicamente se denomina "competencias") no son contenidos de la enseñanza, sino que lo que se pretende es que se adquieran a través de su puesta en marcha y de su aplicación a casos concretos. Esto implica que las actividades formativas sean más ágiles y dinámicas (realización de informes y proyectos, búsqueda de información, talleres de trabajo, análisis de casos prácticos) y no se limiten a clases magistrales en el aula, si bien estas continúan manteniendo un importante valor formativo. Las metodologías docentes también deben ser forzosamente más activas en el contexto del EEES: estudios de casos, trabajo en equipo, aprendizaje basado en problemas y más cercanas a los problemas laborales con los que los estudiantes tendrán que enfrentarse en el futuro desempeño de su profesión. Lógicamente, ello implica un uso mucho mayor de las nuevas tecnologías.

La propia coordinación del Grado en Periodismo ha hecho hincapié en la puesta en marcha de atractivos proyectos relacionados con la práctica del periodismo. Radio Unizar es una perfecta muestra de ello. La radio universitaria de la Universidad de Zaragoza comenzó sus emisiones en noviembre de 2011. Se trata de una emisora que emite en formato podcast y cuyos contenidos se encuentran íntegramente alojados en la página web: http://radio.unizar.es/. Su programación cuenta con once espacios semanales más algunos programas de carácter mensual y otros informativos especiales. Además de ello, Radio Unizar es una de las 26 emisoras que forman parte de la Asociación de Radios Universitarias y participa cada semana en el informativo de media hora que esta entidad coordina.

Los contenidos que esta emisora ofrecen tratan de cubrir todo el espectro informativo de la Universidad de Zaragoza desde la perspectiva del periodismo científico, social, cultural, deportivo... Pasando también por la crónica de la actividad universitaria, el debate, la tertulia de actualidad o las entrevistas en profundidad.

Constituye una radio hecha por y para los estudiantes de la Universidad de Zaragoza. Ellos son quienes desarrollan todos los programas bajo la supervisión de las profesoras Carmen Marta, Ana Segura, Sagrario Bernad y Antonia Isabel Nogales. La gestión de la radio implica tanto a estudiantes de tercer curso como de segundo del Grado en Periodismo, siendo los primeros quienes coordinan las secciones y los segundos quienes aprenden de la labor de sus compañeros mayores y refuerzan sus conocimientos. La parrilla se renueva cada semana con nuevos contenidos tras la reunión del consejo de redacción que tiene lugar cada lunes. El equipo rectoral de la Universidad de Zaragoza ha tomado como apuesta propia la existencia de Radio Unizar, valorándola curso tras curso como una de las actividades de proyección exterior más notables.

Otra de las iniciativas que llevan a la práctica la dinámica R-elacional en lo tecnológico en la plataforma digital Entremedios del Grado en Periodismo de la Universidad de Zaragoza (http://periodismo.unizar.es/). Entremedios es un espacio creado entre los alumnos y varios profesores que recoge y dinamiza diferentes prácticas en torno a la comunicación audiovisual y el periodismo. Los trabajos no son una exposición lineal, responden a una interacción interpelación continua. Una tormenta de impresiones por parte de los participantes reconstruye sus propios itinerarios y rutinas en sus prácticas culturales digitales. Estos testimonios de los jóvenes, la mayoría usuarios de las redes sociales, la mayoría con una misma identidad en Facebook y Tuenti. La plataforma se nutre tanto de las mejores prácticas realizadas por los alumnos en las diferentes asignaturas como por iniciativas particulares del alumnado en cuanto a la cobertura de acontecimientos de actualidad en exclusiva para Entremedios.

La web se divide en secciones que tratan de cubrir las diferentes especializaciones periodísticas por tipos de medios. De este modo, encontramos:

- Entrelíneas: espacio dedicado a los géneros periodísticos impresos que se trabajan en el aula.

- Entreondas: espacio dedicado a piezas radiofónicas de los diferentes géneros que se trabajan en el aula.

- Entreplanos: sección destinada a la producción audiovisual para cine y televisión.

- Entreventos: promoción y cobertura de eventos impulsados desde el Grado y el Grupo de Investigación en Comunicación e Información Digital (GICID).

- Entrelinks: bloque dedicado a proyectos de comunicación digital y corporativa.

- Entrespots: espacio para las creaciones publicitarias del Grado.

- Entrevips: espacio dedicado a entrevistas a personalidades notables.

- Entrenosotros: identidad corporativa y piezas para la reflexión.

La plataforma Entremedios es un proyecto pionero en el ámbito universitario español que capta de forma precisa la esencia del proyecto TRICLab. El trabajo procomún y la creación de inteligencia colectiva se plantean como puntos cruciales en el desarrollo de esta iniciativa nacida en 2016.

6. Conclusiones

El análisis del clásico debate en torno a las TIC demuestra su obsolescencia. Resulta muy pertinente introducir en él la dinámica de las Tecnologías de la Relación, la Información y la Comunicación. El concepto TRIC supera el mero determinismo tecnológico, el término R-elación reúne todo el potencial de la multialfabetización que se produce en las interacciones en el plano de la creación y en la dimensión de recepción en el caso de cada uno de los productores de contenido. La mediación tecnológica, por lo tanto, no es suficiente y precisa ser repensada desde un punto de vista multifuncional e intermetodológico.

La apuesta por el factor R-elacional, entendido como la capacidad de poner en valor sinergias de acción, creación y discusión, permite la búsqueda exhaustiva y la producción de contenido de calidad. Poner los datos en contexto a través de la perspectiva TRIC es un buen punto de partida para hallar el criterio informativo necesario para fundar el periodismo de calidad.

La pertinencia del método TRIC en la enseñanza del periodismo queda demostrada a través de la propuesta práctica de superación de la dependencia tecnológica y de una correlación de esfuerzos en busca de un contenido de calidad. El trabajo desde la Universidad de Zaragoza, fundamentada en el aprendizaje basado en proyectos y su gran acogida y resultados, así lo demuestra. Ejemplos de ello son la iniciativa pionera de la plataforma Entremedios y el trabajo colaborativo docente-discente-sociedad de la radio universitaria Radio Unizar.

El enfoque TRIC tiene una proyección última en el aprendizaje para la vida y la salutogénesis. La tecnología tomada desde su vertiente más humana y reflexiva integra el planteamiento del humanismo digital, el cual preside tanto el proyecto TRICLab como las actividades que plantea el proyecto en cada una de sus vertientes.

7. Referencias bibliográficas

Aparici, R. [coord.] (2010). *Educomunicación: más allá del 2.0*. Barcelona: Gedisa.

Carrillo García, M.E. y López López, A. (2014). "La teoría de las inteligencias múltiples en la enseñanza de las lenguas". *Contextos educativos* (17), 79-89.

Gabelas Barroso, J.A.; Marta Lazo, C. y Aranda, D. (2012). "Por qué las TRIC y no las TIC". *COMeIN, Revista de los Estudios de Ciencias de la Información y de la Comunicación* (9), marzo de 2012. Disponible en: http://www.uoc.edu/divulgacio/comein/es/numero09/articles/Article-Dani-Aranda.html

Gabelas Barroso, J.A.; Marta Lazo, C. y Hergueta Covacho, E. (2013). *El Factor R-elacional como epicentro del entorno digital*. Ediciones UOC-press en Colección Comunicación 32. Barcelona.

Gardner, H. (1995). *Inteligencias multiples. La teoría en la práctica*. Barcelona: Paidós.

Lasén Díaz, A. y Casado, E. (2014). *Mediaciones tecnológicas: cuerpos, afectos y subjetividades*. Madrid: Centro de Investigaciones Sociológicas y Editorial Complutense.

Lluna Beltrán, S. y Pedreira García, J. (2017). *Los nativos digitales no existen: Cómo educar a tus hijos para un mundo digital*. Barcelona: Deusto.

Marta-Lazo, C. y Gabelas Barroso, J.A. (2016). *Comunicación digital. Un modelo basado en el Factor R-elacional*. Barcelona: UOC.

Vadillo Bengoa, N. et al (2010): "Proceso de adaptación de los estudios de Comunicación al EEES. El caso de Aragón, una comunidad pionera", en *Revista Latina de Comunicación Social*, (65), pp. 187-203, Disponible en: http://www.revistalatinacs.org/10/art/892_Zaragoza/14_Nerea.html

CAPÍTULO V

EL CASO CHEVRÓN-ECUADOR. APLICACIÓN METODOLÓGICA DE LA "ETNOGRAFÍA VIRTUAL"

José Luciano Revelo Ruiz
Universidad Técnica del Norte
Raimundo Alfonso López Ayala
Universidad Técnica del Norte
Alexandra del Carmen Mina Páez
Universidad Técnica del Norte

Resumen

Este trabajo realiza un acercamiento académico en el tratamiento de la acción estratégica que lleva a cabo el sitio web www.juiciocrudo.com Chevrón – Ecuador. Aplicando la metodología denominada "etnografía virtual" del A-E-I-O-U en el nivel descriptivo, toma en cuenta cinco ejes con criterios de estandarización que garantizan un mejor análisis de los servicios prestados: accesibilidad, encontrabilidad, interactividad, operabilidad y usabilidad. Así se identifican las estrategias comunicacionales y se evalúa el impacto frente a los usuarios. En la parte introductoria se encuentran los fundamentos epistemológicos de la comunicación desde perspectivas diferentes o antagónicas como: el funcionalismo, el estructuralismo, el marxismo bajo la atenta mirada académica de pensadores como: Habermas, Lasswell, Rincón, Fraser, Van Dijk, Bauman, Cuadra, entre otros, los cuales defienden estas teorías con propuestas que enriquecen el marco teórico y que sirve de fundamento para este análisis; además, se identifica la relevancia del sitio web en los niveles sociales, políticos y mediáticos. En el nivel interpretativo se hace una aproximación al análisis semántico denotativo y connotativo de los signos, del discurso, de la imagen, del diseño y de los contenidos audiovisuales; en las conclusiones se identifica que la empresa Chevrón frente a una crisis de imagen institucional construye un plan estratégico de reputación corporativa a través de su portal web, elabora contenidos mediáticos con fuentes afines que refuerza su prestigio como una empresa líder en el área petrolera y con reconocimiento social. Esta etapa es analizada en el último semestre del 2016, por la coyuntura mediática en el campo político-económico, debido al fallo judicial de la Corte Suprema de EEUU a favor de Chevrón, aplicando la metodología planteada por Habermas, donde se destaca la acción estratégica abierta y encubierta.

Palabras clave

Etnografía virtual, teorías comunicacionales, acción estratégica de comunicación, sitio web.

1. Introducción

1.1. Fundamentos Epistemológicos

Desde una perspectiva teórica, la comunicación es analizada como estrategia de "acción comunicativa" (Habermas, 2003), "creativa y planificadora" según Costa, cuyos enfoques identifican las dinámicas comunicacionales como procesos, capaces de generar opinión pública con las articulaciones permanentes de mensajes que buscan realimentación permanente entre sus públicos, en "un campo cultural donde conjuntamente se codifica los mensajes para evidenciar procesos de significación social" (Rincón, 2001).

Estas teorías de la comunicación permiten profundizar el discurso académico, asumiendo la responsabilidad en el diseño de ideas que puedan construir la realidad con autonomía para tomar decisiones con su propio criterio, "todos los hombres son iguales" (Fraser, 1993) para interpretar la causa y el efecto de un fenómeno, donde la comprobación a través de la verificación juegan un rol básico para que la comunicación asuma el nivel de ciencia social. Ahora bien, en comunicación no se puede hablar de una teoría, sino de varias partiendo desde la fusión entre el nivel "filosófico - normativo o teoría de la filosofía social con el estudio de las teorías de las audiencias, dando como resultado una gran teoría" (Martínez, 2014).

Teorías comunicacionales con enfoques: funcional, estructural, marxista o desde la construcción del pensamiento latinoamericano que reconocen una restructuración continua del pensamiento en base a la crítica y a la capacidad reflexiva. La teoría funcionalista plantea que la comunicación es generada a partir de una sociedad de consumo, del libre mercado, del capital y de una globalización permanente de mensajes a través de medios de masas, promueve el discurso único.

Burrhus Frederic Skinner, pensador funcionalista, argumenta que "un individuo que está expuesto a los medios, que consume publicidad y propaganda, puede ser manipulado", "inducido a actuar y, en consecuencia, puede ser controlado" (Marafioti, 2008); a esta teoría se la denomina aguja hipodérmica o bala mágica. McLuhan, máximo representante de la Escuela de Toronto propone el "determinismo tecnológico", manifiesta que "el medio es el mensaje" dándole importancia a la tecnología sobre la elaboración del mensaje. Lasswell plantea cinco preguntas:

¿Quién? (...), el comunicador; Llamamos análisis de control. (...) ¿Qué dice? (...), el mensaje. Se denomina análisis de contenido (...). ¿En qué canal? (...), el medio. Hace referencia al análisis de medios. (...) ¿A quién? (...), receptor. Se habla de análisis de audiencias (...). ¿Con qué efecto? (...) Se interesa en el análisis de los efectos (Lasswell, 1948).

La teoría estructuralista pretende que el mensaje sea captado, comprendido e interpretado desde un pensamiento crítico y analítico, plantea conocer la estructura del lenguaje desde los signos, el significante, los mitos, la connotación y la denotación para la elaboración de contenidos comunicacionales; sus máximos representantes son Ferdinand de Saussure, Roland Barthes, Charles Pierce, Levi - Strauss y Umberto Eco, que estudian el proceso comunicacional desde la semiología, la semiótica y la antropología para producir significados. Para el estructuralista Piaget "una estructura está formada por elementos, pero éstos se encuentran subordinados a leyes que caracterizan al sistema como tal" respetando sus propias particularidades para la conformación de un todo; el "uso del lenguaje, como comunicación de creencias, como forma de interacción social, así, como las relaciones entre el uso del lenguaje, la comunicación y la interacción con el contexto social" (Van Dijk, 2001).

La teoría marxista es considerada como la teoría de la clase proletaria en la búsqueda permanente de transformación de su entorno, estudian el fenómeno de manera directa para luego explicarlo, estudian la estructura significativa como consecuencia de la praxis social, fomentan la dialéctica materialista como una unidad de cambio, transformación y desarrollo, se oponen como método científico al funcionalismo y al estructuralismo. Tiene exponentes de gran trascendencia como: Max Horkheimer, Theodor Adorno, Harber Marcuse y Walter Benjamín que integraron la Escuela de Frankfurt en Alemania con una fuerte crítica al funcionamiento de la cultura de medios masivos frente a la clase obrera y a la sociedad, "en que se expresa la praxis comunicativa cotidiana de los grupos sociales" (Honneth, 1990).

Las industrias culturales son estudiadas desde la visión de la teoría marxista, donde la cultura y los medios de comunicación son relacionados desde una perspectiva de la economía capitalista de concentración del mercado y de servicio comercial. Los medios masivos de comunicación son instrumentos que difunden contenidos alienantes, son actores de riesgo para la pérdida de identidad, "la cultura como una expresión "orgánica" de las formas de vida y valores compartidos que no pueden ser reducidos a epifenómenos de las relaciones económicas" (Marafioti, 2008: 208) que alteran los valores simbólicos impregnados en la cultura de las masas, "industrias culturales, que recrean escenarios, los actores y el discurso" (Bauman, 2001).

Los estudios en comunicación plantean tres momentos epistemológicos, el primer momento se basa en la "oralidad del lenguaje", entendido como el "psiquismo del mensaje humano" (CUADRA, 2016); el segundo momento conocido como "pragmático formal" o "momento sociogenético", planteada desde la teoría de la Acción Estratégica de Habermas a través de la "mediación lingüística con la acción social", y el tercer momento se desarrolla en los actuales momentos mutaciones "tecnocientíficas" que proyectan nuevos planteamientos para definir a la comunicación denominada "Comunicación Mediada por Computador" (Cuadra, 2016), convirtiéndose en el objeto de estudio de la "Etnografía Virtual", entendido como un modelo de comunicación basado en la relación "usuario-nodo", es decir, este usuario o portador entendido como no solo una memoria psíquica y social, sino que además una tecno memoria propia del entorno, enfatizando una "nueva sociabilidad de relaciones entre iguales" (Política y Comunicación, Desfiguraciones de la Política y Nuevas Figuras de lo Público, 2002).

1.2. Fundamentos Metodológicos

Este proceso de acción comunicativa para el análisis o aprendizajes de páginas web se fundamenta en tres operaciones fundamentales (básicas): Observación, Participación y Recopilación entendido como Registro.

a.- Etnografía Virtual.

Esta metodología problematiza el uso del internet, interpretando y reinterpretando, como forma de acción comunicativa y como objeto en las relaciones de las personas a través de comunidades. En este análisis de la página web www.juiciocrudo.com esta metodología liga niveles descriptivos e interpretativos y no puede aislarse de los aspectos políticos y sociales dentro de su entorno, con dimensiones de análisis en lo virtual desde la comunicación de la acción estratégica abierta y encubiertas planteada por Habermas en la teoría de los tres mundos.

b.- Objetivos

b.1.- General

Examinar el tratamiento informativo de la página web www.juiciocrudo.com Chevrón- Ecuador, aplicando la metodología de la "Etnografía Virtual" en el último semestre del 2016.

b.2.- Específicos

- Identificar fundamentos epistemológicos de la acción comunicativa que sirva de base para el análisis del sitio web.

- Analizar el nivel descriptivo del sitio web, aplicando la metodología etnográfica virtual: (A-E-I-O-U).

- Identificar los niveles interpretativos del sitio web con el análisis semántico de la connotación y la denotación del discurso, la imagen, la composición y los contenidos audiovisuales.

- Evaluar el impacto potencial de la información del sitio web a manera de conclusiones, aplicando la acción estratégica planteada por Habermas en la teoría de los tres mundos.

1.3. Relevancia de la página

a.- Política

Esta página se constituye en un espacio masivo para la difusión de contenidos periodísticos y normativas que tienen relación con el tema de Chevrón y su accionar en el Ecuador. Busca generar un discurso único a su favor al estilo de la "publicidad burguesa" como aparataje, para consolidar un mundo mental de las "public relations" (Habermas, 1928), donde esta empresa se victimiza frente a la amenaza que representan los demandantes, el Gobierno Nacional y el sistema de justicia ecuatoriano; para ello, establece una política comunicacional de transparencia desde su perspectiva con la utilización de fuentes informativas, cifras estadísticas, imágenes, sonidos, textos y animaciones que enriquecen su propio discurso.

b.- Social

Chevrón es una empresa petrolera multinacional, su presencia está prácticamente a nivel mundial. A través de esta página se vincula con públicos heterogéneos (usuarios) que buscan información sobre este tema, la página a pesar de mantener un formato serio, muestra un ambiente agradable y de fácil comprensión de los mensajes, de este modo mantener seguidores con niveles de criticidad aceptados por la empresa, que son producto o el resultado del debate y de la participación de los diferentes sectores con un solo lineamiento.

c.- Mediática

Esta página a través de un kit de medios, utiliza como estrategia discursivas y comunicacionales para la difusión masiva de información, por si misma este sitio web se constituye en una fuente de información para medios masivos de comunicación convencionales y no convencionales, "esta postura también es cuestionada, por cuanto obedece a un "exagerado valor del progreso" (Arendt, 2009); por ello, la necesidad de analizarla utilizando la metodología etnografía virtual a través del nivel descriptivo (accesibilidad, encontrabilidad, interactividad, operabilidad y usabilidad) y del nivel interpretativo con lo cognitivo y lo denotativo.

d.- Contexto Político Mediático

La Empresa Chevrón es la segunda empresa más grande de petróleo en Estados Unidos y la cuarta en todo el mundo, utiliza su poder político y recursos económicos para generar un discurso mediático ante la opinión pública a su favor, negando ser la causante de la contaminación de petróleo en el Oriente Ecuatoriano, se muestra como una empresa transparente, cumplidora con el ordenamiento jurídico y respetuosa del medio ambiente, deslegitima el discurso de los demandantes, del Gobierno Nacional y del Sistema de Justicia del Ecuador. Este sitio web, se convierte en un espacio generador permanente de opinión pública, sus contenidos informativos juegan un "rol estratégico y articulador de perversión y oportunidad" (Política y Comunicación, Des-figuraciones de la Política y Nuevas Figuras de lo Público, 2002); es el espacio virtual donde se hace visible el accionar político e ideológico que la empresa Chevrón persigue; además, cumple una función de integración a través de consensos y de legitimación de un discurso controlador, el usuario pierde legitimidad y representación social, se convierte en una mera existencia estadística.

2.- Nivel Descriptivo

Este sitio web interpreta técnicamente las necesidades del usuario, siendo amigable con sus requerimientos en la operatividad, descargue rápido, facilidades y claridad al momento de acceder a la información requerida. Es analizada aplicando la metodología de la "Etnografía Virtual" del (A-E-I-O-U), tomando en cuenta cinco ejes con criterios de estandarización que garantizan un mejor análisis de los servicios prestados: accesibilidad, encontrabilidad, interactividad, operabilidad y usabilidad.

2.1.   Accesibilidad

a.- Tiempo o velocidad de descarga

Se enfoca al tiempo que toma la página web para descargar todos sus componentes animaciones, multimedia, imágenes, texto, otros. Esta página no demora más de 4 segundos para ingresar, los resultados arrogados por la página *Testmysite*, herramienta desarrollada por Google para el análisis de página de sitios web se dieron los siguientes resultados:

- Cuenta con una buena optimización para dispositivos móviles, con una calificación de 99 sobre 100 puntos.

- La velocidad en dispositivos móviles es baja con un puntaje de 40 sobre 100 puntos.

- La velocidad en computadoras de escritorio es media, con un puntaje de 51 sobre 100 puntos.

b.- Resolución de pantalla

Es el número de pixeles que pueden ser mostrados en una pantalla dependiendo del tipo de dispositivo sea este de escritorio, móvil o portátil. Tiene que ver con la claridad de toda la información contenida y su calidad en la imagen y en los textos, juega con el tratamiento pre-publicación de los audiovisuales, en definitiva es un control técnico de calidad. Esta página mantiene estándares de calidad por cuanto al visualizarse no distorsiona su contenido, lo que facilita al usuario el acceso a la información y la permanencia, manteniendo el apego con sus públicos. 1320 pixeles horizontal y 768 pixeles vertical.

c.- Compatibilidad con exploradores

Tiene que ver con la compatibilidad entre navegadores, es decir, la facilidad que tiene la página para desplegarse en su totalidad en cualquier sistema operativo y plataforma de navegación. Este sitio web es compatible con los exploradores más populares (Safari, Chrome, Explorer, Fire-fox, entre otros), su página inicial pasa las pruebas de "cross-broweing para MS Internet Explorer, Mozilla Firefox y Google Chrome.

d.- Adaptación a dispositivos móviles

Los contenidos del sitio web deben desplegarse en dispositivos móviles con acceso a internet sin mayores problemas, por cuanto, están adaptados al peso de las páginas. La gran mayoría de elementos son de fácil visualización con otros dispositivos de diferente tamaño. Sin embargo, esta página presenta ciertos problemas con los videos en algunos dispositivos móviles requiere de una herramienta adicional que es el *flash player*, caso contrario no aparecen los videos.

e.- Accesibilidad WAI.WEB

Es una iniciativa que permite la accesibilidad de la red para personas con discapacidad, incapacidad o personas de la tercera edad; existe cinco áreas de trabajo principales: tecnología, directrices, herramientas, formación y difusión. Esta página es analizada con la herramienta "HERA", en la cual se evidencia falencias, no dispone de acceso de audio, imagen y texto en todos los niveles para públicos diversos con discapacidad, por ejemplo, en los videos no tienen lenguaje de señas, ni subtítulos.

2.2.   Encontrabilidad

a.- Motor de búsqueda

Es un campo de la página que le permite buscar contenidos-información sin tener que navegar; en este caso, el acceso funciona adecuadamente arrojando resultados relevantes en las búsquedas y en los tres idiomas que dispone inglés, español y portugués.

b.- Mapa de sitio

Es un mapa o índice conceptual (contenidos) de ubicación para el usuario, sin tener que navegar por todo el sitio; es una manera práctica de informar a los buscadores sobre el contenido de un sitio web, con la finalidad de tener una mejor percepción de los usuarios. Esta página no dispone de un mapa de sitio, limitando al usuario el acceso de información de manera ágil y rápida.

c.- Nombre de dominio

Es la puerta de entrada a un sitio web, es el nombre y apellido de la página, su composición debe estar clara en su nombre, dominio genérico y código de país. En este caso de análisis, la página web analizada www.juiciocrudo.com, el nombre mantiene un juego retórico simple, utiliza una analogía para potencializar el nombre, mantiene un dominio genérico (punto com) que no identifica un área de acción específica, tampoco se puede identificar donde está el origen del sitio.

d.- Metadatos y descriptores

Los usuarios pueden ubicar de manera eficiente el contenido de un sitio web. Son textos de ayuda para los usuarios, también mantienen una función informativa con una función persuasiva; en este caso la página cuenta con escasos elementos de este tipo, lo que limita una inapropiada recuperación.

e.- Posicionamiento en buscadores

El uso de buscadores para la ubicación de contenidos relevantes. Es el lugar que la página ocupa en una búsqueda, haciendo referencia a palabras claves. En este caso analizado las palabras juicio crudo en los buscadores Google, Yahoo y Bing (principales motores de búsqueda), en este sitio web aparece primero, dando una lectura que este dominio mantiene relación contractual con estas empresas.

2.3. Interactividad

a.- Información básica de interacción

Un sitio web es la imagen de la institución, por lo tanto, la información que identifica a la institución en la primera página debe ser explícita y clara para los usuarios; Además, consiste en conocer el número de visitas que mantiene una página. En este caso no dispone de información básica (dirección, teléfono, horario de atención, etc.), además no tiene un contador de número de vistas, no se puede evidenciar interacciones con la página porque los comentarios están restringidos, se restringe puntos de vista a favor o en contra, generando contenidos comunicacionales unilaterales desde sus intereses.

b.- Interacción con enlaces

Son considerados el fundamento del funcionamiento del contenido de un sitio web. Los enlaces de texto, imagen y video constituyen los argumentos visuales a través de los cuales el usuario despliega la información de la página principal. En este caso, todos los enlaces son intuitivos no existe hipervínculos o botones explícitos. La interacción se maneja a un nivel básico.

c.- Estructura de navegación

Son las barras de menú: horizontales y verticales, es el lenguaje de programación (estructura) sobre la cual está desarrollado el contenido de la página que permite una navegación consistente e intuitiva. Este sitio web maneja una estructura clásica con un encabezado, donde se muestran los vínculos a las redes sociales, al acceso idiomático y el motor de búsqueda; bajo el encabezado se encuentra la barra de menú con botones desplegables expansibles. Como cuerpo principal maneja un área de texto e imagen con desplazamientos lateral izquierdo. Como base y cierre existe informativos con imágenes y titulares. A continuación muestra videos destacados, luego noticias donde enfatiza los titulares, para cerrar con una barra de los tuits más relevantes; además mantiene una barra que incluye un campo de información para establecer contactos y se replica nuevamente el tema de las redes sociales. Cabe indicar que el acceso de toda esta información de manera vertical por desplazamiento a través del mouse o movimiento de los dedos en los dispositivos táctiles.

d.- Contacto en línea

Es un campo cuasi obligatorio por que la página requiere de un retorno por parte del público visitante, es necesario que el usuario sienta tener una interacción con otros usuarios. Esta página dispone de un campo donde se despliega una ventana de contacto, el usuario debe contactarse con el nombre, email, país, asunto y comentarios. Finalmente dispone de un código de verificación aleatorio evitando el contacto robótico a manera de filtro para no permitir saturación de la red y posibles *hackeos* y los *trolls* (perfiles falsos).

e.- Medios sociales y Web 2.0

Toda página mantiene vínculos con redes sociales con la finalidad de segmentar los mercados y expandir a otros públicos su información. Este sitio mantiene vínculos con redes sociales como: Facebook, Twitter, Instagram, Linked-in, Youtube y Google. La web 2.0, es una plataforma global que aprovecha la inteligencia colectiva, nutriéndose de información que los públicos generan, no se limita a un solo sistema, sino por el contrario es difundida a través de varios dispositivos. Esta página busca redes colaborativas para nutrir su acción con la web 2.0.

2.4. Operabilidad

a.- Uso de *frames*

Es parte de la estructura de la página, tiene como finalidad dividir la información de forma jerárquica, lo más importante son los *frames* o cuadros inmovilizados, por cuanto los contenidos se encuentran en este lugar, debido a que la mirada de los públicos se centran en este panel y por ende es probable que en este lugar reciba más clips y puede ser más utilizado. Es sitio web tiene dos marcos en sentido vertical a dos columnas, su información esta jerarquizada por escalas, en el *frame* de izquierda se encuentran los elementos estructurales secundarias de la página, conformada por el encabezado donde se encuentra el menú principal, los elementos de identidad y los accesos a las redes sociales. El menú principal resalta en este encabezado y se constituye en un elemento de enganche visual para facilitar la navegación, por cuanto están ubicados los temas principales, divididos por categorías y los temas secundarios. En el cuerpo de la página se encuentra la galería rotativa y por su gran tamaño se encuentran los titulares del mensaje de la página; en el mismo cuerpo se encuentran una fila de imágenes más pequeñas que permiten acceder a los artículos complementarios. En el segundo bloque se puede acceder a información audiovisual interactiva que está conformada por los cuadros (máscaras) de reproducción audiovisual, seguida del titular y un subtítulo con información resumida vinculado al video. En el tercer bloque se encuentra el cierra o el pie de página en donde su información está basada en la promoción crítica de la página (búsqueda de notificaciones importantes, retroalimentación con el usuario y redes sociales).

b.- Continuidad

Es la disponibilidad del sitio web, ubica los elementos de contenidos alojados en el sitio web, permite jerarquizar la visualización lectura de los contenidos (el orden como se leen y se ven los contenidos en la página). El primer bloque (cuadro de la derecha "últimas noticias") tiene movilidad, pero es el que más llama la atención a pesar de ser armónico, por cuanto trasgrede con la organización de los elementos de la página, el orden de continuidad esta de derecha a izquierda. El segundo cuadro, tiene navegación visual dirigida de la parte superior hacia el inferior (de arriba abajo); por lo que la división de la información están bien ubicados. Además está adaptada para dispositivos móviles o cualquier tipo de pantalla. También los calores cálidos son los de mayor contraste, más llamativos lo que atrae, cautiva y engancha a los públicos que lo visitan; los colores (blancos, negro y gris) están distribuidos de forma mayoritaria en la página para mantener un equilibrio. Los colores fríos ayudan a dar elegancia, armonía y paz.

c.- Datos abiertos

Calidad de acceso de la información generada recientemente, tomando en cuenta la oportunidad e importancia de los contenidos sin restricciones de formato (PDF, CSV, RTF, HTML, TXT) o plataforma, promoviendo información abierta y completa. En el caso de esta página existe datos abiertos dentro de los *frames*, el usuario puede ampliar la información sin ninguna restricción.

d.- Controladores añadibles

Es un *plug-in*, son aplicaciones informáticas que permiten interactuar con el navegador de internet, de este modo genera una operatividad determinada, son palabras claves que permiten acceder a otra información más ampliada correlacionada al tema principal. En el caso de este sitio web, los controladores añadibles permiten navegabilidad en el uso de la información, los datos programados ayudan a navegar dentro de su interfaz con mayor amplitud y seguridad.

e.- Seguridad

La parte operativa en cuanto a la seguridad plantea desafíos, en el que los usuarios demandan de los sitios web una mayor protección al momento de navegar, la finalidad es tomar medidas técnicas necesarias y generar ambientes seguros para el usuario, de este modo evitar amenazas informáticas y proteger los datos personales. Es necesario generar políticas de protección, protocolos seguros de comunicación y ausencia de virus. Esta página en la barra de navegación no aparece el candado de seguridad, ni el certificado de autenticidad, lo que hace que no se identifique la entidad que emite la información en calidad de soporte; además no cuenta la seguridad del protocolo de transferencia de hipertextos (https://)

2.5.   Usabilidad

a.- URL Limpios

Es la dirección de la página web, también es un recurso en general que permite navegar de forma segura una página web, jerarquizando el sitio que se encuentra dentro de un dominio. En este caso no incluye caracteres especiales como por ejemplo #, *, ^, etc.; además tiene una interfaz (fácil, cómoda e intuitiva), tiene criterios de usabilidad centrados en el usuario (dcu), en el caso del usuario al momento de navegar tiene facilidades de navegación, porque puede encontrar la información requerida, existe elementos de interactividad en las imágenes animadas y en los videos incrustados en la página.

b.- Texto

El mayor porcentaje de información que circula en el internet o en las páginas web es transmitida a través de textos consistentes, por lo que es necesario poner atención en la forma como se realiza o se presenta en su formato, ancho, alineación y su tipografía. En esta página existen textos legibles, tamaños adecuados, jerarquizados por el uso de mayúsculas y minúsculas según su importancia e impactos, además están jerarquizados por el color, por el tamaño y por su ubicación, existe un equilibrio entre el texto, las imágenes.

c.- Diseño

Una estructura de diseño limpio y ordenado, ayuda a una mejor comprensión por parte de los usuarios, la estructura y la distribución son proporcionalmente distribuidos, la distribución por filas es más perceptible que por las columnas, por cuanto estas se encuentra sin proporción simétrica, esto facilita ubicar los elementos especialmente a los de mayor tamaño, la combinación estratégica con imágenes establece las prioridades en la navegación. El efecto de desplazamiento (*scroll*) segmenta la información, el corte de la información es adecuada; en cuanto a la creatividad tiene que ver con el eje temático, haciendo aplicaciones de sus elementos más formales, ejemplo la utilización de textos sin serifs, imágenes fotográficas con planos limpios y sin ruido visual.

d.- Animaciones

Los recursos multimedia y las animaciones enriquecen el discurso comunicacional en las páginas web, a pesar de que existen criterios que estos recursos tienen más desventajas que ventajas, debido a que en algunos casos aumenta el tiempo de descarga y son difíciles para su manipulación causando descontentos en el usuario. En esta página existen elementos de animación correspondientes a la galería central dándole niveles de atracción y comprensión del mensaje por parte del usuario, existe un despliegue de menús y sub-menús agradables y el sistema de sensibilidad de precisión. En la parte del tercer bloque se encuentra el acceso a los videos, teniendo un *stream* óptimo lo que permite la descarga con fluidez, existe un pequeño efecto de sobre posición en los botones de acceso a las redes sociales.

e.- Calidad de código

Este recurso asegura mayor velocidad en la descarga y mejor tolerancia a los errores, lo que permite en el usuario una experiencia agradable al momento de navegar por un sitio web. Existe una organización llamada W3C que define los estándares de codificaciones y pone a disposición de los encargados de sitios web. En este sitio el tamaño de la página es de 2.3 mb, lo que garantiza una descarga rápida de la información, el tiempo de carga es de 5.26 segundos, el tiempo de respuestas entre páginas es de 2,67 tomando en cuenta una conexión DNS (banda ancha). Existe acceso a todos los links o enlaces de información, no existe enlaces rotos o caídos.

3. Nivel Interpretativo (análisis semántico)

3.1.- Relación de los signos respecto a la realidad (off Line)

En esta fase, la página web es analizada desde la perspectiva de la etnográfica tradicional, su énfasis está focalizado en el espacio real localizado en el irl; donde la observación, la participación y la recopilación o registro se constituyen en la base para su estudio.

a.- Observación

Espacio Físico (in situ), cultura/comunidad localizada, etnografía tradicional, cualitativa/Interpretativa, holística, descripción densa, adaptativa a contextos IRL, comunicación *face-to-face*, estructura de significación, lógica informal cotidiana.

b.- Participación

Interacción directa, permanente, investigador–sujeto y viaje geográfico.

c.- Recopilación y Registro: (Etnógrafo in situ)

Memoria psicogenética, memoria sociogenética.

3.2. Análisis del discurso y de la imagen en el nivel denotativo informacional y connotativo simbólico.

a.- Denotativo en el uso de los colores

En el sitio web describe lo formal en el uso de colores planos, porque no existe gradaciones, existe texturas planas, utiliza gamas de colores fríos celestes, verdes, contrastados con los amarillos dando como resultado un contraste, los grises fortalecen la visualidad de los otros tonos.

b.- Connotativo en el uso de los colores

Aplica conceptos de teoría del color, los colores fríos como el azul o el celeste dan a entender que es un sitio web serio, formal y libertad cuando es aplicado en imágenes con planos generales y en contrapicado; es decir sus lectores tendrán una experiencia agradable al momento de tener contacto con los contenidos, estos tienen credibilidad y sus usuarios pertenecen a un grupo selecto de lectores con capacidad reflexiva.

a.- Denotativo en el uso de la grilla cuadrática

Son rectángulos o cuadrados en diferentes tamaños y estáticos que este sitio web utiliza, no tiene curvas o redondos.

b.- Connotativo en el uso de la grilla cuadrática

Estos rectángulos y cuadrados aplicados en este sitio web simbolizan aspectos de solidez, seriedad y transparencia al momento de publicar un contenido, esto permite que sus usuarios mantengan fidelidad, interés y permanencia, por cuanto no existe distractores de movimientos, salvo el banner central mantiene un movimiento horizontal de desplazamiento para mostrar las noticias principales, reflejando agilidad en el discurso planteado, lo que despierta el interés del usuario para leerlo.

a.- Denotativo en el uso de las imágenes

Casi todas las imágenes que presentan, muestran elementos clásicos relacionados a la fotografía, aparecen personas vestidos de traje formal en escenarios o ambientes internos o externos. La naturaleza es captada en planos abiertos, con movimientos en las miradas de los sujetos y en ángulos contrapicados.

b.- Connotativo en el uso de las imágenes

Estas imágenes de personas con trajes formales connotan experiencia en lo que están haciendo lo que refleja mayor apego, afinidad y credibilidad por parte del usuario, el escenario muestra un ambiente de modernidad y progreso; además las imágenes de naturaleza, agua, cielo limpio connotan su apego hacia las normas y respeto por la naturaleza y a las cultural ancestrales en contradicción a lo que sus políticas de Chevrón se contraponen. Didi Jubers en su libro "Imágenes pese a todo", hace una análisis de la fotografía, manifiesta que la imagen no es una visión exacta del mundo, es una muestra sesgada de la realidad, por cuanto muestra una parte de perspectiva de la realidad y en cierta época, el tiempo sesga la realidad y los actores dentro de las imágenes se ven alterados y falseados.

a.- Denotativo en el uso de la composición de la imagen

En la composición de imagen se muestran planos abiertos y cerrados con ángulos contrapicados y movimientos.

b.- Connotativo en el uso de la composición de la imagen

Al mostrar imágenes en planos abiertos no quieren identificar detalles que pueden evidenciar falencias, su mensaje está elaborado en base a generalidades para llamar la atención del usuario en temas ligeros o ambiguos. Para resaltar estos mensajes utilizan el ángulo contrapicado con la finalidad de profundizar la espectacularidad de los hechos de manera agradable en los usuarios.

a.- Denotativo en el uso de la grilla cuadrática

Este sitio web utiliza una grilla cuadrática SANS SERIF

b.- Connotativo en el uso de la grilla cuadrática

Esta grilla cuadrática proyecta solidez al momento de enviar los mensajes al usuario, no se muestra con una compañía vieja pese a serlo (en el Ecuador estuvo desde 1964), se muestra como una compañía moderna, ágil y actual pese a tener varias décadas, se muestra elitista (su tipografía está dentro del grupo de tipografías SANSERIC, Joan Costa, en su libro "Imagen Global". clasifica a las tipologías en:

SERIF	SANS SERIF	DECORATIVA
Clásica (no es utilizada por esta página) les va a proyectar como viejos	Moderno (les conviene), utiliza www.juiciocrudo.com	Ornamentales no utiliza

3.3. Análisis de los aspectos de composición de imagen y diseño (estructuras de significación)

JUICIO CRUDO es el nombre de la página que en sí misma representa la imagen corporativa del mensaje central por la que se crea este sitio, se constituye en la base para la construcción de los signos y de todas sus simbologías hasta la construcción de los mensajes en todas sus expresiones. El diseño por sí mismo no representa el fundamento del discurso de Chevrón, pero ayuda a construir significaciones persuasivas que influyen en los apegos y afinidades por parte del usuario; los elementos gráficos ordenados de manera técnica y creativa, acompañados de animaciones, sonidos, videos o imágenes crean ambientes agradables y formales. Las imágenes limpias tienen un mensaje que representa una posición más formal y a la vez amigable. La composición de los elementos que tiene esta página no es caótica, por el contrario el tema antagónico a lo que Chevrón representa (empresa petrolera multinacional contaminadora del medio ambiente) no incurren en ese discurso de contaminación con el petróleo es totalmente diferente.

La información que presenta esta página no está legitimada, intenta serlo, sin embargo, su composición y diseño condiciona sutil y persuasivamente al seguimiento del caso por parte del usuario, lo que genera confianza desde lo técnico y en la calidad de la información con interlocutores y fuentes que refuerzan el mensaje. La distribución de las filas presentan formas rectangulares y horizontales, estos elementos del diseño representan en el caso horizontal armonía, paz, descanso y los elementos verticales actividad y dinamismo en definitiva es el equilibrio de la vida.

3.4. Revisar los contenidos audiovisuales y los textos interactivos

El anclaje a las redes sociales es una adaptación del lenguaje audiovisual para otros públicos que se identifican con este tipo de mensajes, en este caso dirigido a un público joven que visitan la red e incluso con una característica diferente en el campo de la criticidad y en desarrollo de una nueva "cultural visual" (Martín Barbero). En esta web no se puede comentar, está cerrado y controlado, existe una apertura controlada, donde el usuario puede emitir sus criterios pero develando sus datos personales, lo que limite y controla los comentarios que van dirigidos en contra a la imagen de la empresa Chevrón, protegen su imagen y no le vuelven vulnerable frente a cualquier amenaza externa.

Youtube es utilizado para poner vínculos de videos (reportajes, noticias, entrevistas, declaraciones) de canales nacionales y locales (fuentes externas) tratando de victimizarse por el tema de contaminación generada en el Oriente Ecuatoriano, buscando victimarios que por lo general son los demandantes, el gobierno nacional y los jueces; estas fuentes informativas están condicionadas a favorecer el buen nombre y la responsabilidad social que tiene la empresa desde su creación y en todas partes del mundo en donde se encuentra.

Esta página dispone de un KIT MEDIOS, donde se encuentran los audiovisuales y los textos interactivos, este kit es utilizado como estrategia comunicacional para la difusión masiva de información, es decir, el interés de la empresa Chevrón es convertirse en una fuente de información para medios masivos de comunicación convencionales y no convencionales que requieren de esta información, claro está que esta se encuentra diseñada desde una sola óptica o una sola direccionalidad que beneficia a sus intereses. Este sitio web tiene 43.000 seguidores, una cantidad para nada despreciable si tomamos en cuenta que cada seguidor al menos tiene cinco seguidores más en promedio, llegando fácilmente a unos 200.000 seguidores siendo conservadores en esta aproximación; es decir, tiene un potencial de audiencias cautivas sin de pautas, es un alcance orgánico, no paga para que la gente le vea, lo ve porque se encuentra en la red.

Lo corporativo de esta entidad está basado en su misión y visión empresarial, es una página de un caso especial en el Ecuador, no es página de Chevrón. Le da énfasis a la temática MAS NO A LA CORPORACIÓN, la marca Chevrón está identificada pero no tiene preponderancia y dentro del espectro visual de la página, el logo de la marca no ocupa un espacio de visualidad respecto a la ley de tercios (queda en un segundo plano), lo preponderante es el discurso de una empresa con responsabilidad social, para ello, tiene actores políticos, ciudadanía, técnicos especializados en el área petrolera y en lo legal que le permite direccionar sus mensajes en beneficio del buen nombre de la empresa.

4. Conclusiones

La proyección de las conclusiones están basadas aplicando la acción estratégica planteada por Habermas en la Teoría de los Tres Mundos; está compuesta por la acción estratégica abierta y por la acción estratégica encubierta y esta a su vez por la distorsión (inconsciente) y por la manipulación (consciente).

a.- Acción Estratégica Abierta

La información relativa al caso Ecuador-Chevrón tratada en la página WEB www.juiciocrudo.com, que frente a una crisis de imagen institucional, se constituye en una estrategia comunicacional, a través de la narración de hechos noticiosos mediáticos con la utilización de varios formatos periodísticos y con fuentes diversas, utilizando un estilo narrativo de textos e imágenes con nitidez, generan un discurso obediente a sus intereses, donde exponen su importancia y alcance de manera clara a públicos diversos que visitan esta página. Se debe tomar en cuenta que esta empresa es catalogada como la segunda más grande de petróleo en Estados Unidos y la cuarta en todo el mundo, utiliza su poder político y recursos económicos para generar un discurso mediático ante la opinión pública a su favor, niega ser la causante de la contaminación de petróleo en el Oriente Ecuatoriano.

El análisis de esta página con la aplicación metodológica de la "Etnografía Virtual" con el nivel descriptivo del (A-E-I-O-U), tomando en cuenta los cinco ejes con criterios de estandarización que garantizan un mejor análisis de los servicios prestados: accesibilidad, encontrabilidad, interactividad, operabilidad y usabilidad; se constituye en una acción estratégica abierta, por cuanto la técnica en la elaboración de páginas web corresponde a estándares de calidad, que simbolizan aspectos de solidez, credibilidad, afinidad, seriedad, agilidad, modernidad, progreso y transparencia al momento de publicar los contenidos.

b.- Acción Estratégica Encubierta: Manipulación (consciente)

La información presentada en esta página WEB obedece a una estrategia comunicacional consistente, por cuanto, utiliza estrategias discursivas mediáticas colaborativas y controladoras basadas en relaciones de poder a nivel local e internacional que le permite configurar redes o alianzas en base a sus intereses, con la finalidad de generar un discurso imperativo, dominante y de victimización enfocados a deteriorar o desprestigiar el discurso proveniente desde las organizaciones demandantes, al Sistema de Justicia y al mismo Estado Ecuatoriano representado por el gobierno nacional. Este sitio web, se convierte en un espacio generador permanente de opinión pública, sus contenidos informativos juegan un rol estratégico y articulador, es el espacio virtual donde se hace visible el accionar político e ideológico que la empresa Chevrón persigue; además, cumple una función de integración a través de consensos y de legitimación de un discurso controlador, el usuario pierde legitimidad y representación social, se convierte en una mera existencia estadística.

El discurso semántico denotativo y connotativo del sitio web (juciocrudo) representa la imagen central del mensaje y justifica por qué se crea esta página, constituyéndose en un mensaje manipulador encubierto, que con el uso de simbologías como: signos, imágenes (agradables, limpias y formales), el diseño (composición, colores, textos) y los contenidos audiovisuales (animaciones, video, sonido) elaboran mensajes persuasivos antagónicos a lo que verdaderamente debería representar el fundamento del discurso de Chevrón (empresa contaminadora de petróleo en el medio ambiente), con este discurso simbólico no dicho trata de consolidarse como una empresa solidaria, respetuosa del orden legal y protectora del medio ambiente; además ayuda a victimizarse frente a los verdugos.

5. Referencias bibliográficas

Aendt, H. (2009). *La Condición Humana*. Traducción de Ramón Gil Novales. Buenos Aires: Paidós.

Bauman, Z. (2001). *En Busca de la Política*. Traducción de Mirta Rosemberg Buenos Aires: Fondo de Cultura Económica.

Barbero, J. *Política y Comunicación, Des-figuraciones de la Política y Nuevas Figuras de lo Público*. 2002. Foro. N#45, págs. 13-26.

Cuadra, Á. (2016). *Comunicación mediada por cumputador*. Quito: Universidad Central del Ecuador.

Fraser, N. (1993). *Pensar en el Ámbito Público: como contribución a la crítica de la democracia realmente existente*. EE.UU: s.n.

Habermas, J. (1982). *Historía crítica de la opinión pública. Versión Castellana de Antoni Doménech*. Madrid: Gustavo Gili.

Habermas, J. y Prieto, E. (2003). *Acción Comunicativa e Identidad Política*. Madrid: Centro de Estudios Políticos y Constitucionales.

Honneth, A. (1990). *Teoría Crítica. En Giddens, A. y Turner, J. La teoría social, hoy. (pp. 445-488)*. Madrid: Alianza Editorial.

Lasswell, H. (1948). *"Estructura y función de la comunicación en la sociedad", 1985 en M. de Moragas Spa (comp). Sociología de la comunicación de masas, t. 11: Estructura, funciones y efectos*. Barcelona: Gustavo Gili.

Marafioti, R. (2008). *Sentidos de la comunicación: Teorías y perspectivas sobre cultura y comunicación*. Buenos Aires: Biblos.

Martínez, Y. y De Salvador, A. (2014). www.razon y palabra.org.mx. [En línea] 8 de junio de 2014. http://goo.gl/47Ym4U.

Price, V. (1992). *La Opinión Pública, La esfera pública y la comunicación*. México: Traducción de Pilar Vásquez Mota.

Rincón, O. y Estrella, M. (2001). *Televisión: Pantalla e Identidad* . Quito: El Conejo.

Van Dijk, T. (2001). *El discurso como estructura y proceso*. Barcelona: Gedisa.

*Este libro se terminó de elaborar en abril de 2018
en la ciudad de Sevilla, bajo los cuidados de
Francisco Anaya, Director de Egregius Ediciones.*